海峽西岸經濟區與粵港澳合作框架綜論

邱垂正・張仕賢●著

自序

　　本書出刊要感謝2012年國科會給予相關專題研究的補助[1]，讓作者得以進行基本的實徵研究，同時提供幾位研究生與大學生參與對中國大陸「海西區」研究的機會，其中也有碩士生以「海西區」為題完成碩士論文。特此表達由衷謝忱。

　　中國大陸「海西區」的規劃與執行，無疑主要是針對台灣而言而行，筆者2008年開始於國立金門大學任教開始，適逢中國大陸對岸福建地區積極推動「海西區」建設，對台展開一系列有計畫的「兩岸對接工程」與「招商引資」對台攻勢，包括資金、技術、人才的全方位吸納，企圖逐步對接台灣的經濟、社會、文化、甚至是政治等各領域。這種由中國大陸政府主導，針對兩岸區域發展的合作課題，在兩岸關係互動自然是學術研究的好題材，相關研究發現往往具有重要的政策價值。

　　「海西區」展現了兩項特色，首先是福建地方政府在發展在地經濟所展現高度的積極性，「海西區」規劃就是鼓足發展福建自身的後發優勢，企圖迎頭趕上或縮小與「長三角」、「珠三角」發展差距；其次是中央政府對「海西區」對台優惠措施往往具內建有北京中央對台工作的戰略思維，企圖為日後「兩岸統

---

[1] 本書順利完成主要得力於2012年國科會補助專題研究：「海峽西岸經濟區」與「粵港合作框架」的比較研究──以制度性整合理論分析（計畫編號101-2410-H-507-005）。

一」奠下有利的條件。因此,「海西區」政策內涵往往具有「地方政府利益需求、中央對台政策目的」雙重的元素與特色。

　　然而從學術研究觀點,要深入正確理解「海西區」規劃與落實的開展,確實需要長期的蹲點研究與充分的實徵考察。然而,本書則從歷史制度論觀點出發,強調「海西區」制度並非是一項「獨特的創舉」,本書選擇以中國大陸推動「次區域合作」戰略構想角度,歸納中國大陸與各鄰邊國家與地區的跨境合作案例,觀察合作主體之間的互動與變因,進而分析兩岸跨境合作的機會與挑戰為何?並進而深入理解與客觀評價「海西區」實施成效。

　　中國是推動「次區域合作」經驗最豐富的國家,有鄰邊跨國合作案例、也有「一國兩制」合作實例,其中「粵港澳合作框架」經驗往往是「海西區」規劃與實施的重要示範與對照,彼此之間有許多制度設計「垂範性」,要預測「海西區」未來動向,可參考「粵港澳合作框架」實施經驗,是本書論證的重點之一與政策建議。

　　最後,要回應有部分人士認為,因發展條件不同「海西區」與「粵港澳」相互比較並無多大意義。但本書基於實徵調研結果顯示,「海西區」與「粵港澳」具有制度設計與實際運作模式相似性,面對這種「巧合」若視而無睹,一方面可能失去了對中國大陸推動「次區域合作」戰略規劃的案例歸納與理論建構的可能性;其次,北京實務上對台港澳向來放在同一個政策天平上,從政策出台的時間先後的經驗垂範,對「海西區」評價其實可以對照「粵港澳」模式地進行客觀的理解與解讀,因此,「海西區」對「粵港澳」有政策的同形性模仿效果,這在兩岸互動政策分析上,「粵港澳」對「海西區」具有重要的政策研判價值。

　　本書主要的特色是很榮幸邀請中華港澳之友協會秘書長張仕賢博士一起撰寫,張仕賢博士是兩岸三地學界公認對香港、澳門

議題具有多年的研究經驗與佼佼者，備受推崇。其對「粵港澳合作框架」案例的發展與掌握，提供本書許多寶貴建議並負責編寫工作，是本書順利出版的重要功臣。

　　此外，要特別感謝國立警察大學王智盛教授在「海西區」與「粵港澳」的研究過程中所給予的寶貴指導與協助，提供了本書許多重要的觀點。最後，參與本書研究工作與田野調查的國立金門大學同學們，特別是中聖、柏允、姿綺、王濬、育茹等人，投入可觀的心血與辛勞本書才能問世。至於，本書若有任何疏漏與錯誤，則由筆者自行負責。

邱垂正　於淡水紅樹林

2014.7.10

　「海峽西岸經濟區」與「粵港澳合作框架」綜論

目　次

表目次

圖目次

Chapter 1
第一章　緒論

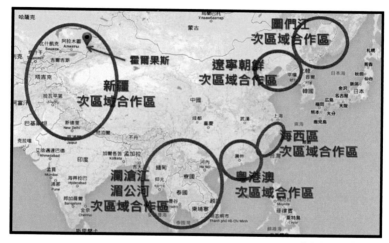

（作者自行製圖）

自中共十六大（2002年）起，中國積極推動與周邊國家地區的次區域合作，包括四個內陸鄰邊跨邊境的次區域合作；兩個針對港澳台為對象的次區域合作：粵港澳次區域合作區與海西區次區域合作區。

第一節　問題意識與研究目的

一、研究緣起

　　在經濟全球化和區域整合化的趨勢下，世界上陸續出現了區域經濟整合的典型案例。其中，最為人所知的當然就是自二次世界戰後即開始推動整合的歐洲聯盟（European Union, EU，以下簡稱「歐盟」），北美洲的北美自由貿易區NAFTA（North American Free Trade Agreement），東亞的東協與其他亞洲國家自由貿易區。2009年美國提出擴大太平洋夥伴關係計畫，正式啟動了TPP（Trans-Pacific Partnership Agreement）跨太平洋夥伴關係協議談判，2013年6月美國和歐盟領導人正式同意啟動TTIP（Transatlantic Trade and Investment Partnership）跨大西洋貿易與投資夥伴關係協議談判。舉此美國在未來的「一體兩翼」經濟戰略輪廓愈加清晰，就是以北美自由貿易區為主體，外加TPP與TTIP在兩翼聯動（沈國兵，2013：61-68）。

　　而在中國大陸與周邊經濟區域的整合過程中，也有幾個正在推動的實例，包括中國大陸與香港在2003年6月29日簽署實行的「關於建立更緊密經貿關係的安排」（Mainland and Hong Kong Closer Economic Partnership Arrangement, CEPA）、中國大陸與東盟十國於2002年11月共同簽署了、並於2010年1月1日正式上路的「中國－東協自由貿易區」（China-ASEAN Free Trade Area, CATFA），以及在2010年6月簽署，並將於2011年起正式運作的「海峽兩岸經濟合作架構協議」（Economic Cooperation Framework Agreement, ECFA）。

其中，隨著中國與香港CEPA的簽署，以及隨後每年檢討增補的「CEPA補充協議」，讓近年來的香港和中國大陸經濟快速整合，在此基礎上，2010年4月，香港、澳門和比鄰的廣東省，分別進一步簽署了「粵港合作框架協議」[1]「粵澳合作框架協議」，讓粵港澳之間的次區域合作，更超越CPEA，成為制度性整合的先趨實驗。

無獨有偶，中共雖早在2004年「第11個五年經濟發展規劃」中，就把北起浙江溫州、南至廣東汕頭，橫跨福建全區的「海峽西岸經濟區」（以下簡稱「海西區」）納入，[2]但由於兩岸關係發展的特殊性，直到2009年5月，中國國務院才出台了《關於支持福建省加快建設海峽西岸經濟區的若干意見》，賦予福建對台經貿交流合作的先行先試與特殊政策權力；而隨著兩岸簽署ECFA，中共更進一步倡議「海峽西岸經濟區」與「平潭綜合實驗區」，其中「平潭綜合實驗區」採取兩岸「共同規劃、共同開發、共同管理、共同經營、共同受益」的新模式，試圖將「海西區」發展戰略與兩岸ECFA連接。

由於「粵港澳合作框架」是為落實中港澳CPEA的更緊密區域制度整合安排，而「海西區」或「平潭綜合實驗區」則是在兩岸簽署ECFA之後，中共進一步落實ECFA既有規範，兩者確實有

---

[1] 「粵港合作框架協議」係中國廣東省人民政府和香港特別行政區政府於2010年4月7日簽署，有關於兩地在跨界基礎設施等九大領域的合作事宜，這九大領域合作內容包括：跨界基礎設施、現代服務業、製造業及科技創新、營商環境、優質生活圈、完善生態建設和環境保護合作機制、教育與人才、重點合作區區域合作規劃、機制安排等。有關「粵港合作框架協議」全文，可參見：http://gia.info.gov.hk/general/201004/07/P201004070113_0113_63622.pdf。

[2] 「海峽西岸經濟區」以福建省為主體，涵蓋浙南溫州、金華、衢州、麗水地區，贛南贛州、吉安地區，贛東鷹潭、上饒地區，粵東汕頭、潮州、梅州、揭陽地區共20個城市群，行政區域面積達28.8萬平方公里，占中國行政區劃面積的3%，常住人口約9000萬人，占中國的7%，2005年確定設立之初，經濟規模達到1.5萬億元，占中國的7.4%。參見：郭瑞華，2006，〈海峽西岸經濟區評析〉，台北：《展望與探索》第4卷第4期，頁9~14。

許多值得類比之處，而可以作為區域整合研究中的重要經驗論證基礎：首先，「粵港澳合作框架」是中國大陸與香港、澳門在既有的CEPA基礎上持續落實CEPA與相關補充協議的制度性設計，從中共的角度來看，其戰略目標當然是為了要讓已經「統一」的香港、澳門和中國大陸，在「整合」的面向更往前跨進一步，而以國家力量介入、主導、強化粵港澳之間比CEPA更能夠快速整合的合作關係。相對地，隨著兩岸簽署ECFA後，也加強政策力道的「海西區」，不僅打著對台政策「先行先試」的大旗，甚至更進一步喊出「共管共治」的口號，也可以看出中共希望在「海西區」中，找出一條提供海峽兩岸更為緊密制度性安排的企圖（王智盛，2009）。

可知，無論是「海西區」或是「粵港澳合作框架」，都可說是北京當局為了加速中國大陸為和周邊港澳台次區域經濟合作所推動的整合模式。而面對這樣新型態的整合模式，是否能夠藉由歐盟經驗發展出來的「整合理論」（Integration Theory）檢視新的經驗研究素材，除讓血統歐系整合理論得到東亞整合實務驗證機會，也使整合理論與實務之間，有一相互印證與審視的對話機會。

二、問題意識

整合理論（Integration Theory）其實具有相當濃厚的西歐經驗，因為此一理論與方法大都取材西歐社會，迄今也多還是用以解釋歐盟的整合過程。整合理論的發展，從歐洲推動經濟整合開始，既不斷牽動政治、社會文化各層面的衝突與整合，使得學者研究整合範圍不斷擴大。對此，研究整合理論的著名學者Ernst Hass，曾將整合理論分成三大學派：聯邦主義學

派（Federalism）、交流學派（Communications）、新功能學派
（Neo-Functionalism），分別略為（吳新興，2001：41-55）：

1. **聯邦主義學派（Federalism）**：聯邦學派研究的目標非常明
   確，就是鎖定在推動成立超國家的國際組織或機構（establish
   an supra-national organization）。

2. **溝通學派（Communications）**：通常以各國之間的交流量
   做為一組變數，來研究整合者之間關係的過程發展，交流
   學派假設研究各國交易交流的頻率乃是評估各國人民對於
   是否支持整合過程的第一步（Deutsch, 1953）。

3. **新功能學派（Neo-Functionalism）**：新功能學派則採取類
   推（Analogy）來詮釋整合現象，強調參與整合者的利益
   動機，研究參與整合者的認知與行為模式，以便解釋參與
   整合國家的性格。海斯認為只有各國的交流數據並不足以
   說明正在整合的工程，除非能用整合者的行動認知來重新
   詮釋這些交流數據。因此海斯認為國際整合能否成功係於
   各主要政治菁英和政要的支持程度而定（Hass, 1958:283-
   298）。

而歐洲社會的整合經驗，能否運用於在第三世界國家或海峽
兩岸，雖有不同的研究成果，但亦有研究者有所保留，Hass在整
合理論研究初期就認為，歐洲整合經驗模式運用在西歐以外的歐
洲地區、北美等地較無問題，但適用在拉丁美洲、中東，亞洲以
及第三世界其他區域則有所保留（Hass, 1958：36），並將其稱為
「非西方」的整合經驗（Hass, 1958：93）。但隨著歐洲整合經驗
經過數十年成功發展，其經驗對各地區域整合都有明顯的影響，
Joseph Nye與Bruce Russett即曾將西歐整合經驗，運用到非洲與
拉丁美洲的區域整合（Nye, 1971:93；Russett, 1967）；同時張維
邦、張亞中、吳新興、朱景鵬等國內學者，也充分運用整合理論

中新功能學派的概念，來詮釋兩岸關係的互動發展（張維邦，2001；朱景鵬，1999；張亞中，2000；吳新興，2001）。

值得注意的是，「新功能主義」是個政治建構的功能性整合模式，它不是用以去「政治化」，該模式預設了，政治主權以獲得某種程度的解決或諒解，同時功能性外溢也須在政府間談判才能促成。但國內以整合理論詮釋兩岸關係的相關研究，往往太偏重「新功能主義」外，而有意無意地忽略了「新功能主義」模式所隱含的基本政治前提，也就是歐盟各會員國在政治主權已獲得某種程度的解決或諒解，同時功能性外溢也須在政府間談判才能促成（黃偉峰，2001：18-19）。換言之，「新功能主義」是個有政治主權前提的功能性整合模式，它不是用來去「政治化」或擱置政治主權爭議的思維，因此歐盟「新功能主義」的整合模式，勢必無法套用目前的兩岸關係，除非中國自動放棄對台「一個中國」的堅持，承認台灣政治實體的地位，放棄對台使用武力，否則忽略其預設的前提時，將出現理論解釋上的謬誤（邱垂正，2008：27~28）。

儘管如此，兩岸在經濟、文化、社會交流的緊密交往、互動頻繁，宛如兄弟之邦，世所罕見，如何正確描述此一特殊的兩岸整合現狀，整合理論並不見得無法提供一套解釋的途徑。誠如上述，由於傳統的整合理論有一個「雙方都追求整合或統一」的假設性前提，對於兩岸關係的現實解釋，其實效力就顯得相當有限。

隨著歐盟的發展，整合理論也逐步充實調整，在理論上擴充了解釋力，更強調多層次與動態的研究過程，諸如以國家利益為基礎，強調國內產業、利益團體等偏好會影響整合過程的「自由政府間主義」（liberal inter-governmentalism），或是主張超國家機制、單一成員國及利益團體在整合過程中乃是相互作用的

「辯證功能主義」（dialectical functionalism）（Moravcsic, 1998：18~55），抑或強調必須從制度演進過程思考的「歷史制度主義」（historical institutionalism）（Pierson, 1996），以及著重國家與社會互動關係的「政治經濟分析途徑」（political economic approach）等，均以不同面向提出了更深入與更具啟發性的觀點（曾怡仁、張惠玲，2000：53~70）。但較為可惜的是，上述傳統整合理論對於兩岸關係解釋無法解決的核心問題，目前也缺乏透過各種新興的整合理論研究途徑加以詮釋的相關研究。因此，我們不禁要問，面對新情勢下的兩岸互動，或是中國大陸近年來的區域、次區域整合，各種新興的整合理論研究途徑，究竟有沒有解釋的能力？

首先，在整合理論方面，本研究核心關懷在於源於歐盟經驗的整合理論探討是否真的對於兩岸關係的發展，不具有解釋能力？而由此延伸出的問題意識，則是新興的整合理論研究途徑，是否能夠用以解釋「正在發生」的中國大陸與周邊次區域經濟整合的發展？特別是對於上述「粵港合作框架」、「粵澳合作框架」和「海峽西岸經濟區」的整合策略與發展脈絡，是否能夠跳脫出傳統「新功能主義」對於主權議題先驗性的假設前提，從而提供一個新的研究視角？例如對東亞與中國大陸次區域合作現象的重視，包括對亞洲「成長三角」（Growth Triangle）與次區域合作案例的歸納分析，對區域整合理論將具有重要的補充意義。

其二、在探討大陸制定「粵港合作框架」和「海峽西岸經濟區」次區域經濟整合的政策面的政治制高點（Political Commanding height）為何？推動全球化整合的力量主要來自市場力量與政府力量，鑑於過去中共接收香港主權轉移的運作模式，遂行有效的政治吸納的基礎在於中共長期且刻意經營的經濟整合成效（邱垂正，1999），因此，幾乎同時期推出且具明顯政策主導性的「粵

港澳合作框架」和「海峽西岸經濟區」，中共政策背後的戰略邏輯為何？

其三、現階段「粵港澳合作框架」和「海峽西岸經濟區」的政策規劃設計與實務操作，那些項目具有相關連性、同質性與差異性，台灣企業可能面對中國大陸越來越多次區域合作的各種政策吸納，政府因應對策如何？

其四、2013年9月市場開放程度更大的中國（上海）自由貿易實驗區正式掛牌成立，原本「海西區」對台經濟對接的兩大抓手──「廈門」與「平潭」都一時相形失色頓失吸引力，廈門與平潭未來有走向中國自貿區的範疇內嗎？

三、研究目的

由歐洲整合成功的進程與經驗，用於探討海峽兩岸關係發展的學者、專家及政治菁英，經常從歐洲整合理論與經驗的視角，探索兩岸間整合可能性。而歐洲經驗的整合理論，是否能做為檢視海峽兩岸整合發展的理論模式，或以兩岸整合發展經驗做為修正整合理論的案例基礎，均極具探討價值。而就目前涉及到兩岸整合的相關案例中，以「後CEPA的粵港合作」具有實際的實證經驗，並以「後ECFA的海峽西岸經濟區」和兩岸關係最為直接相關。若能在同一個理論架構的基礎上，對於兩組不同的次區域合作的整合脈絡，進行實證性的研究，對於理論解釋的擴充性、和實務的政策制訂與因應，都將具有重大的意義。由此觀之，本研究的研究目的有下列幾項：

1. 重新檢視歐規的整合理論，找出對於兩岸關係發展具有解釋能力的理論途徑，希望能夠解釋兩岸關係發展的一種新的研究視角。

2.以「海峽西岸經濟區」、「粵港澳合作框架」次區域合作的整合作為實証的研究標的，證證理論解釋的有效性。

3.從「海峽西岸經濟區」、「粵港澳合作框架」整合歷程的比較分析，理解中共對於整合策略的設計脈絡，並進一步據以思考台灣面對海峽西岸經濟區的因應策略，以做為政策參據。

第二節　文獻檢視與理論探討

一、次區域整合理論的路徑分析

Machlup從經濟史角度，定義區域經濟合作為「將個別不同的經濟體結合在一起成為大的經濟區域」（combining separate economies into large economic regions）（Machlup, 1977：3）。首先出現的次區域經濟合作案例是在1989年12月，由新加坡總理吳作棟倡議，在新加坡、馬來西亞的柔佛州、印尼的廖內群島之間的三角地帶建立經濟開發區，並稱之為「增長三角（成長三角）」（Growth Triangle），吳作棟將「增長三角」定義為：在政治型態、經濟發展階段不同的三個國家（地區）的互補關係、促進貿易投資，以達到地區政治安定、經濟發展目標而設置的多國籍經濟地帶（Lee, 1991：2-5）。

美國學者Scalapino, Robert A列舉了珠江三角洲－香港之間的經濟合作以及新／柔／廖「增長三角」等案例，提出了「自然經濟領土」（Natural Economic Territories, NETs）的概念，說明了

NETs生產要素充分互補後所帶來的經濟成長與經濟體系的建立（Scalapino, 1999：31）。

　　大陸學者李鐵立與姜懷寧則以邊界效益的角度來說明次區域經濟合作可能性與機制建立，他們認為邊界效應有「屏障效應」與「中介效應」（李鐵立、姜懷寧，2005：90-94），次區域經濟合作就是將「屏障效應」轉為「中介效應」的過程，目前國際間出現次區域合作就是趨勢，就是邊界的「中介效應」取代「屏障效應」，而「中介效應」是指兩國（地）間的經濟、社會、文化具有交流合作需求，可以大大降低雙方合作的交易成本，中介效應條件有：自然人文地理具有連續性與相似性、經濟發展水平具有梯度差異、具有腹地優勢與過境需要等。

　　近年來隨著跨區域經濟合作盛行，學界將區域主義、次區域主義做更清楚的劃分，不只是相對的範圍大小的概念，出現了所謂「微區域主義」（micro-regionalism），次區域主義專指一些中小型經濟體而言，至於「微區域主義」則是一種次國家或次區域的地緣概念，推動合作的推動者主要是地方政府（Sasuga, 1999：1-10），此一「微區域主義」合作模式對金廈跨域合作頗具啟發意義。

　　有學者認為「次區域經濟合作」概念必須加以澄清並重新界定，次區域經濟合作是一個相對於區域經濟合作的概念，以是否跨越國界與邊境為標準再予區分為「國際次區域經濟合作」和「國內次區域經濟合作」，或是以參與主體是否具有「獨立行政權」為標準與國際區域經濟合作進行區分（董銳，2009：23）。本研究採用跨越邊境且具有獨立行政權（含地方政府），探討中國大陸推動跨邊境次區域經濟合作為主要研究範圍，至於中國國內次區域經濟合作不是本研究的課題，較符合「海西區」與廈門對金門的關係定位。

除了全球化與各國多邊區域整合之外，在國與國、區域與區域之間整合的層次，也出現所謂次區域經濟整合，至於次區域整合是相對於區域整合而言，迄今為止，自20世紀80年代末、90年代初冷戰結束後次區域經濟合作現象出現以來，學者對此討論概念包括：「成長三角」（Growth Triangle, GT）、「自然經濟區域」（Natural Economic Territories, NETs）、「次區域經濟區」（Sub-Regional Economic Zones, SREZs）、「次經濟自由貿易區」（Sub-Regional Free Trade Areas, SRFTA）、「跨國經濟區」（Transnational Economic Zone）、「跨國成長區」（Cross-National Growth Zones）、「次區域主義」（Sub-regionalism）、「微區域主義」（Macro-regionalism）等等「次區域」概念。

　　學界對於「次區域合作」相關名詞定義或概念多有差異（胡志丁等，2011，63）。一般而言大都承認次區域它具有以下特性：

1. **靈活性**：相對全球多邊、區域主義多邊經濟合作形式，次區域的合作都較為容易，例如，新／柔／廖「增長三角」等案例從正式倡議到付之實施僅短短兩年。而東協自由貿易區早於1970年代就開始醞釀，直到15年才協商出具體方案，歐盟成立也是歷經40年的磨合歷程。此外，與區域主義比較，次區域合作具有合作議題較為廣泛多樣，地方政府積極性較強等特性。

2. **鄰近性**：次區域合作往往具有地緣區位的鄰近性，使彼此間的投資、貿易活動相關運輸與通訊費用成本降低；而且地理位置鄰近的地區或國家，往往也具有較為接近的語言、文化背景，也有助於合作關係增進。

3. **利益共享性**：成功的次區域合作案例能使參與各方與有關投資者共享經濟利益，經濟較發達的合作方通過資本與技術輸出獲得利益，另一方則獲得增加就業機會，改善基礎設施

的機會。例如1992年新／柔／廖「增長三角」合作案例，新加坡對柔佛、廖內的大量投資、技術轉移與移轉勞力密集產業，不但獲得直接的經濟利益，還拓寬了原本狹小的經濟活動空間，促成了產業升級，同時增加了最稀缺的水資源，而印尼、馬來西亞則獲得技術、增加就業機會，改善基礎建設，如今馬來西亞的柔佛州已開發成為新興工業中心，廖內群島的巴但島更成為重要的度假中心（陸建人，1994：35），類似案例也發生在中國華南地區的粵港澳合作案例。

4. **外向性**：次區域合作往往建立在國際資本較為活躍的地區，其開發目標具有明顯的外向性，即利用國際資本與技術，結合本地的生產要素如勞動力、土地，生產商品以出口為主，合作目的是為了進一步出口導向，因此不會歧視非參與方。例如新／柔／廖「增長三角」，除了新加坡的資金外，也吸引美、日等投資資金。大湄公河次區域合作與大圖們江次區域合作，除參與國外，如聯合國、亞洲開發銀行等國際機構往往扮演重要金主的角色。

5. **政治性**：次區域合作往往涉及政府權責，尤其是跨邊境次區域合作更往往涉及國家的外交主權，需要由中央政府出面交涉解決。依照次區域合作的經驗所涉及政治性因素有二（陳德照，1994：4-5），一是參加各合作方有著友好或是比較穩定的關係，否則就算各方有著明顯的互補性，也會因政治交惡，如邊界糾紛而無法展開合作；二是需要政府政策支持，跨邊界次區域合作往往涉及主權管轄，任何次區域合作就算地方政府有高度積極性，若沒有中央政府同意或努力促成，相關成效也將十分有限。然而相對於區域主義，次區域合作一因涉及地區較為局部，其合作實驗的政治風險較低，是改善鄰國關係可嘗試的重要途徑。

二、整合理論歷史制度主義的視角

台灣學界較少討論次區域整合理論，過去分析兩岸關係也是透過歐盟經驗的整合理論，且大多強調新功能主義的外溢效應（spill-over effect）。但這種整合理論論調，在兩岸長期處於「經熱政冷」格局以及台灣民眾強烈的主體性意識形塑下，始終難以打破，歐盟經驗的新功能主義難以解釋兩岸關係的發展。論者儘管有從「自由派政府間主義」的論點，提醒整合其實是受到「國家」單元及其內部利益團體或選民的影響（黃偉峰，2000；Moravcsic, 1998：18~55），但對於作為整合行動主體一方——而且是主動性強的一方——的北京當局而言，這樣的假設前提其實也無法成立，因為其不僅沒有所謂的選民，利益團體在政策過程中的影響力也微乎其微。因此，整合理論似乎需要引進更新的思考論點，才能維持著其解釋兩岸關係發展的效力。

殊為可惜的，新興的整合理論文獻仍多著墨在對於歐盟整合的解釋，特別是近年來在解釋能力上大幅提昇的歷史制度主義整合理論，迄今遲遲未見在兩岸關係中被運用來做分析。「歷史制度主義」，乃是由Paul Pierson提出，以分析制度對政治結果的影響。該理論之所以稱為「歷史的」，是因為Pierson認為任何的政治發展都是一種隨著時間推移所表現出來的暫時過程；而稱為「制度的」則是指這些政治過程所顯現的意涵是鑲嵌於制度當中，包括正式原則、規範或政策結構，都是包含於一些制度之中（Pierson,1996）。歷史制度主義者Guy Peter認為，行為者訂立整合政策之初都是要極大化其利益，但是後來卻產生制度或政策改變的非預期結果，如果只從某一時間點看此過程，則

會把事件的真實性扭曲，因此歷史制度主義的歷史觀強調過去對現在的影響，前一階段的政策選擇往往會決定和影響後一階段的政策方案，前後制度變遷與鞏固存在著「路徑依賴」（path dependence）現象（Peter, 1999）。歷史制度主義致力於發掘重大事件以及對人類產生相當影響的政治經濟進程，如國家與社會革命、民主化、全球化或區域化時，不僅要找出共時性的結構因果關係，而且還要從事件變遷的歷時性模式中發掘出因果關係。（薛曉源、陳家剛，2007：5-6）

換言之，從歷史制度主義者的分析角度，在整合過程中，「制度」才是觀察的重點，但制度的演變則必須鑲嵌在整個歷史發展脈絡下來觀察，才有意義。因此，Jeremy Richardson從「制訂政策的過程」作為分析歐洲整合過程的階段，以歷史角度分析一個整合政策產生的過程（Richardson, 2001），而可如下圖：

圖【1-2-1】：歷史制度主義與政策制訂流程

第三節　中國大陸跨境次區域合作運作模式之歸納

一、中國大陸主要三個主要沿邊跨境次區域都有國際機構與組織介入

　　從中國跨邊境次區域合作可分為兩大類型，第一是「沿邊跨境次區域合作」，包括：圖們江流域次區域合作、大湄公河次區域合作，新疆跨邊境合作區、與中朝次區域合作區等四個，以及兩個與「一國兩制」有關的中國大陸與港澳、中國大陸與台灣的次區域經濟合作等，共六個重要的次區域合作區。其中，大圖們江流域次區域合作、大湄公河次區域合作，新疆跨邊境合作區等三個沿邊跨境次區域合作區，歷時最久且成效最為顯著，而它們背後都有依拖國際機構與組織的介入與資助，使得跨國合作得以順利推進。

　　大湄公河次區域合作是由國際組織發起促成的，1992年由亞洲開發銀行倡導並建立大湄公河次區域合作GMS機制，GMS啟動20年來，湄公河流經中國（瀾滄江）、緬甸、寮國、泰國、柬埔寨、越南等六國在能源、投資與貿易、農業與環境、交通、禁毒合作、旅遊與人力資源開發與湄公河聯合執法等項目，都取得長足發展與卓著成就，成為亞洲甚至是全世界最為成功的國際合作案例之一（劉稚、邵建平，2013：1-21）。

　　圖們江次區域流域於上世紀90年代被聯合國開發計畫署（UNDP）列為重點支持的多國合作開發項目，開發最初定位在中朝俄交界的圖們江三角洲地區。2005年UNDP提出圖們江合作範圍擴大到整個中國東北三省、內蒙古自治區、北韓羅津－先鋒

經濟貿易區、外蒙古東部省區、韓國東部港口、俄羅斯濱海邊疆區等建立「大圖們江倡議」（GTI）合作機制，共同推動能源、投資貿易、交通運輸與物流、旅遊與環保領域的合作（袁曉慧，2007：44-49），促進次區域內的合作開發。

新疆跨邊境次區域合作發展則建立在「上海合作組織」合作機制進行內進行，中國、俄羅斯、哈薩克、吉爾吉斯、塔吉克與烏茲別克等六國簽署協議，透過舉行經貿部長級會議、投資與發展論壇、推動能源、交通、電信合作計畫，建立跨境經濟合作區等，中亞五國與新疆的貿易額佔新疆對外貿易額的屢創新高，新疆與中亞五國發展各種加工項目、進出口貿易中心與經濟合作中心（王海燕，2012：16-19），合作進展快速且合作領域不斷擴大。

基於地緣安全因素，自2011年逐漸開展的中朝（北韓）次區域合作仍屬於雙邊關係；而中國基於「一國兩制」考量，針對台港澳的次區域合作--「粵港澳次區域合作」、「海西區次區域合作」皆排除國際組織與機構介入，這也凸顯北京政府不願國際勢力插手「一國內部事務」的戰略思維與基本立場。

二、「粵港澳次區域」與「海西區次區域」的運作模式與成效

1.「粵港澳」、「海西區」具有「地方利益、中央主導」的制度運作模式

從次區域經濟合作的角度，地方政府往往是主要的利益團體，對制度建構往往基於利益的驅使，自下而上要求制度安排，但北京在處理「一國兩制」的理論與實踐，則往往具有由上而下的制度主導性，因此無論是珠三角的粵港澳合作框架或是海西區

的與台灣交流合作政策，反應出「地方利益、中央主導」制度運作演變流程。大陸福建省與平潭綜合實驗區自2010年起大打「臺灣牌」，本書作者曾赴實地訪談，大陸相關官員與學者一致指出，「福建強調與台灣對接，主要目的在爭取北京中央政府給予福建「海西」或平潭特殊政策，若沒有打著臺灣旗號，北京中央優惠特殊政策就下不來，因此主要目的在於發展福建自身經濟」。

　　所以整個「海西」規劃都先由地方發動，中央再給予批覆與背書，而中國大陸次區域經濟合作發展也都大致先由地方發動，再由中央核可與背書，這種「先地方、後中央」的決策流程，地方往往要思考除了發展自身經濟外，必須要去「迎合」北京中央的政策需求，「海西區」總體規劃是對所有外資開放，宣傳上卻只鎖定「台灣」訴求，福建透過訴求「台灣」，爭取中央對「海西區」政策的支持與背書的企圖心，至為明顯。

2.「粵港澳」與「海西區」具有制度同形性（isomorphism）

　　「粵港澳」與「海西區」具有高度的制度同形性，北京為落實「一國兩制」的中央高度，對於粵港澳次區域合作的制度規劃與實踐經驗，透過制度模仿與參照運用於「海西區」規劃，以符合所謂實踐「一國兩制」標準與規格。此外，因為「粵港澳」、「海西區」在推行上，具有時間序列明顯先後次序，兩區制度同形性運作容易判斷且十分明顯，包括相同層次的制度模仿如下：與中國大陸的協議，與港澳簽有CEPA，與台灣簽署ECFA協議；次區域發展規劃方面，粵港澳有「珠江三角洲地區改革發展規劃綱要」與兩岸有關的「海峽西岸經濟區發展規劃」在制度內容多有類似設計，設立發揮增長極作用的實驗區運作也相類似；粵港澳有「前海、橫琴、南沙」，海西區則有「平潭、廈門」等（如表【1-3-1】）。就連北京中央與地方協調機制──「部際協

調會議」制度設計，「粵港澳」與「海西區」的協調機制也完全一致。

表【1-3-1】：「粵港澳合作框架」與「海峽西岸經濟區」制度對照

區域整合	廣東／香港	廣東／澳門	海西區／臺灣
與中國大陸協議	更緊密的經濟夥伴的安排CEPA	更緊密的經濟夥伴的安排CEPA	兩岸經濟合作架構協議ECFA
次區域	珠江三角洲地區改革發展規劃綱要粵港經濟合作框架粵澳經濟合作框架		海峽西岸經濟區發展規劃
實驗區	深圳前海區、南沙	珠海橫琴半島、南沙	平潭綜合實驗區、廈門市綜改方案

作者自行製表

3.「粵港澳」與「海西區」次區域成效差異大

　　跨境次區域合作主體而言，基本上有中央政府、地方政府、國際機構或組織與企業等四項，其運作模式是往往必須先透過中央政府牽頭簽署協議，並由地方政府扮演主要利益合作的主體，輔以國際組織的帶動作用，以及最後以合作方民間企業投入質量來評量合作成效。

　　「粵港澳」與「海西區」在「一國兩制」政策思維，北京自當排除國際組織或外國介入整體合作制度建立（外資企業投資則不限），然而在雙方政府簽署協議，粵港澳都是北京眼下的地方政府，只要北京出面牽頭安排，締結合作制度相當順暢進展順利，相關整合或合作制度框架比較多重，兩岸則因政治定位難以解決，台灣政府與中國大陸政府若無充分的信任基礎，要攜手合作發展「海西區」可能性並不高，截至目前「海西區」的規劃與執行都是大陸方面「單方的、片面的」的制度運作，缺乏兩岸政策制度共同努力的運作機制，加上客觀經濟條件又不及粵港澳地區，以致於「海西區」成效遠遠不及「粵港澳」。

「海西區」規劃在兩岸地方政府層次，金門、馬祖兩島嶼因鄰近海西區，且受大陸經濟社會發展影響，未來生存發展融入「海西區」發展與規劃向來是金馬地方政府與民間的訴求與心聲，但在台灣政府兩岸關係條例規範下，凡涉及中國大陸事務皆屬於中央政府職權，除非被兩岸中央政府授權，否則地方政府難有作為。然而，2013年兩岸簽署服貿協議，若干大陸市場開放項目以福建作為優惠地區，勉強算是兩岸合作發展「海西區」第一步，但成效如何有待觀察。至於粵港澳政府則積極擴建相關區域的大型基礎交通設施，並積極評估各項制度對接，現階段「粵港澳」整合程度與運作成效遠遠優於「海西區」。

4.服貿協議簽署開啟兩岸在「海西區」次區域合作的開端

相對於過去「海西區」都是中方自行規劃運作，台灣政府採取迴避或冷處理的態度，然而自2013年兩岸簽署服貿協議，在中國對台灣服務貿易特定承諾表內中國對台開放80項服務業，經統計，特別針對「海西區」（福建、廣東）投資列有優惠項目達12項（如【1-3-2】），比例達七分之一以上，兩岸服貿協議也開啟兩岸政府在「海西區」次區域合作的開端。但因2014年6月服貿協議尚未生效，對「海西區」透過服貿協議發揮吸引台商轉移投資成效，值得持續關切。

表【1-3-2】：《海峽兩岸服務貿易協議》中關於海峽西岸經濟區優惠條款列表

序號	兩岸服貿協議條文內容
1	允許取得大陸監理工程師資格的台灣專業人士在福建省註冊執業，不受在台灣註冊執業與否的限制。
2	允許台灣服務提供者以跨境交付方式，在上海市、福建省、廣東省試點舉辦展覽。

3	委託江蘇省、浙江省、福建省、山東省、廣東省、重慶市、四川省商務主管部門審批在當地舉辦的涉台經濟技術展覽會，但須符合相關規定。
4	允許台灣服務提供者在福建省設立合資企業，提供在線數據處理與交易處理業務，台資股權比例不超過55%。
5	允許台灣服務提供者在福建省、廣東省以獨資民辦非企業單位形式舉辦養老機構。
6	允許台灣服務提供者在福建省、廣東省以獨資民辦非企業單位形成舉辦殘疾人福利機構。
7	允許台灣服務提供者在福建省設立獨資企業，經營港口裝卸、堆場業務。
8	允許台灣服務提供者在大陸設立合資、合作或獨資企業，提供公路卡車和汽車貨運服務。對在福建省、廣東省投資的生產型企業從事貨運方面的道路運輸業物立項和變更的申請，分別委託福建省、廣東省省級交通運輸主管部門進行審核或審批。
9	允許台灣服務提供者在大陸設立合資（台資股權比例不超過49%）或合作道路客貨運站（場）和獨資貨運站（場）。對在福建省、廣東省設立道路客貨運站（場）項目和變更的申請，分別委託福建省、廣東省省級交通運輸主管部門進行審核或審批。
10	台灣的銀行在福建省設立的分行可以參照度陸關於申請設立支行的規定提出在福建省設立異地（不同於分行所在城市）支行的申請。
11	若台灣的銀行在大陸設立的法人銀行已在福建省設立分行，則該分行可以參照大陸關於申請設立支行的規定提出在福建省設立異地（不同於分行所在城市）支行的申請。
12	允許符合設立外資參股證券公司條件的台資金融機構按照大陸有關規定在上海市、福建省、深圳市各設立1家兩岸合資的全牌照證券公司，台資合併持股比例最高可達51%，大陸股東不限於證券公司。

資料來源：兩岸服務貿易協議附件一「服務貿易特定承諾表」
作者自行製表

　　另一方面，2009年開放中資來台投資，統計現今中資法人機構若以大陸法人機構登記所在地劃分，中資來台投資機構除了第

三地陸資外，以大陸省市別而言，中資來源地以福建省比例最多，福建地區的投資件數與金額都高居首位（如【1-3-3】），與與台灣經貿合作最緊密的長三角、珠三角省份卻名列其後，這種現象並非市場因素，凸顯出大陸對台投資與實際兩岸經貿經驗似有不符，比較合理的解釋，就是北京核准來台投資案例，目前仍以優先配合「海西區」大陸企業廠商為主，顯示現階段北京對台經濟對接政策優先性，是選擇「海西區」企業優先赴台灣投資。

表【1-3-3】：陸資法人來臺投資分區來源統計表

金額單位：美金千元

地區別	件數	金額
第三地陸資	143	444,015
福建	26	164,160
北京	16	93,758
上海	13	56,978
江蘇	22	31,272
廣東	23	16,500
江西	1	6,332
遼寧	4	5,286
山東	7	2,842
浙江	10	2,808
天津	1	1,906
河南	1	1,565
四川	2	248
湖南	1	220
山西	1	210
湖北	1	203
海南	1	61
總計	273	823,363

資料來源：經濟部投審會
作者自行製表　日期：103.04.11

第四節 研究設計

一、研究假設

1.「海峽西岸經濟區」和「粵港澳合作框架」都是「概括式途徑」的整合制度安排，可以跳脫「統一與否」的爭辯

隨著歐盟和其他區域整合經驗的擴充，整合理論也與時俱進的轉化其內涵，從早期以社會中心論的功能主義、新功能主義，到後來以國家中心作為省思的政府間主義和自由政府間主義，都漸次的充實了整合理論對於區域整合詮釋的內涵。但殊為可惜的是，對複雜詭譎的兩岸關係，整合理論始終未能跳脫出以「統」作為前提的先驗性質疑，而讓其理論解釋效力在兩岸關係上，未能充分彰顯。

但誠如前述，若能從整合理論「概括式途徑」的路徑來思考，則又將出現一個截然不統的整合理論面貌。由於其路徑選擇是先「統」後「合」──即在「制度面」上已經先是一個統一的主體，才去進一步處理內部不同區塊的整合問題──因此，原本假設性的「往統」的方向的整合，已經變成不證自明的先決條件；換言之，此種「概括式途徑」的制度性整合理論，所要詮釋的，就是在制度框架的設計下，如何讓「整合」變成可能。

而從本研究比較分析的兩個實證案例──「海峽西岸經濟區」與「粵港澳合作框架」來看，都是中國大陸「內部」的整合制度安排，自然已經沒有「統」或「不統」的問題，而是強調透過單一國家的單邊行為和制度設計，希望讓國家內部不同區塊的次區域經濟區（例如香港和廣東）、或者不同區域經濟區塊（例如台灣和海西）之間能夠更進一步的整合。換言之，對於單一國

家的單邊行為，自然不需要在去討論「統」是否是必然達成的終極目標，反過來，是在已經「統」的範圍內，探討如何選擇推動「合」的政策和制度安排。可以說，不論是「粵港澳合作框架」或是「海西區」，都正好都符合此種「概括式途徑」的研究案例假設前提，而可以跳脫出過去整合理論對於兩岸關係是否應該以「統一」為前提的爭辯。

2. **「海峽西岸經濟區」和「粵港合作框架」都可以中國大陸「單邊」的制度安排切入，以次區域整合理論進行「整合如何可能」的分析**

在「概括式途徑」下，本研究對於「海峽西岸經濟區」和「粵港合作框架」的探討，將聚焦在北京當局「透過怎樣的次區域整合的制度安排，讓整合變成可能」。對此，次區域整合理論即成為最佳的理論選擇。其原因有下列幾點：

（1）從行為主體來看：歷史制度主義強調行為者在制度設計上，是為了將自身利益極大化的前提，與中共在思考中國大陸周邊地區的次區域合與「粵港澳合作框架」和「海峽西岸經濟區」立場有何不同。包括：中央政府、地方政府、國際機構與投資企業等合作行為主體等思維。

（2）從分析重點來看：各種次區域合作的制度安排必須將制度鑲嵌在歷史中來思考，以理解其發展脈絡，與本研究企圖理解「粵港澳合作框架」和「海峽西岸經濟區」的制度安排及內在發展邏輯的需求相當。

換言之，透過次區域整合理論與實踐經驗，對於本研究要針對於「粵港合作框架」和「海峽西岸經濟區」進行制度性的比較分析，具有一定程度的解釋能力，既排除掉了原本整合理論在兩岸關係解釋中「統一先驗」的侷限性，又能夠從單邊的國家的制

度安排，來看「整合」的道路是否可能、或如何可能，可說是重新檢視兩岸關係發展的一個新的視角。

二、研究設計與研究架構

從制度性整合理論的的角度看，一個整合政策的產生和演變，與「正式與非正式制度規範」、「經貿互動的發展程度」、「社會跨界的發展程度」等要素有緊密關連性，任一要素的變化，也會使得另二要素也同樣會受到相對應的影響。而這些要素的漸進發展，也將受到治理結構的相互牽引。本研究在這樣的研究基礎上，對於「粵港澳合作框架」和「海峽西岸經濟區」的制度性整合，提出相應的研究設計，說明如下：

1. 「粵港澳合作框架」的制度性基礎，來自於中國大陸與港澳之間CPEA的簽署。換言之，「粵港澳合作框架」整個歷史制度的發展流程為：CEPA的中港、中澳合作制度安排，推動地理位置比鄰的粵港澳經貿互動發展，進一步衍生跨界的社會整合需求，從而轉化成為「粵港澳合作框架」。

2. 同樣的，「海峽西岸經濟區」的制度性基礎，來自於兩岸之間ECFA的簽署。換言之，「海峽西岸經濟區」整個歷史制度的發展流程為：ECFA的兩岸合作制度安排，推動地理位置比鄰的台灣和「海西區」經貿互動發展，進一步衍生跨界的社會整合需求，從而轉化成為「海峽西岸經濟區」。

3. 不論是「粵港合作框架」或「海峽西岸經濟區」，均需觀察三項制度整合的項目：

（1）**制度安排**：包括了正式與非正式的制度規範。

（2）**經貿互動**：包括了商品貿易、服務貿易、產業發展和資金流動等四項觀察重點。

（3）**跨界整合**：包括了人員流動、社會交往、政治參與、法律規範等四項觀察重點。

4.此外，對於三項指標之間的相互的流動與變遷，乃是受到治理結構牽引。而對於中國大陸來說，這樣的治理結構，其實最需要觀察的，是中央與地方之間的互動或議價能力，包括了「粵港澳合作框架」中，北京當局與香港、澳門和廣東地方政府的互動，也包括了「海峽西岸經濟區」中，北京當局與福建地方政府的互動。

依據上述的研究設計，據以勾勒出本研究的研究架構圖如下：

圖【1-4-1】：研究架構圖

第五節　研究方法

　　為了實踐上述研究設計，除了具體瞭解「海峽西岸經濟區」及「粵港合作框架」的整合政策脈絡與發展外，另一方面就是要透過各種研究方法的設計，幫助研究設計的具體落實，因此，本研究係將量化與質化並重，並透過深度訪談的進行、以及焦點團體座談等方法，去進行研究問題的發掘。是故，本研究主要研究方法有三：

一、文獻分析法（documentary analysis）

　　本文首重對於研究主題相關資料的彙整與分析，而此種資料又包括了初級資料（primary data）和次級資料（secondary data）。次級資料的主要來源包括普查、特殊調查、簡易觀察和檔案文件。依據本文研究目的，將蒐集組織內外部相關的初級和次級資料，所謂組織內部資料包括政府相關單位等內部已作成之重要文獻；而組織外部的資料乃指有公開發表之期刊、各式論文、相關研究報告或座談會公聽會之紀錄，以及各大報章媒體，乃至於網際網路上的相關論述等文獻。而本研究對於資料的處理，則著重於文獻內容分析（Literature Content Analysis），透過量化的技巧及質的分析，以客觀及系統的態度，對文件內容進行研究與分析，藉以推論產生該文件內容的環境背景及其意義的一種研究方法。

二、深度訪談法（in-depth interview）

深度訪談法是指由受訪者與施測者就工作所需知能、工作職責、工作條件……等進行面對面溝通討論的一種方法，以廣泛的蒐集所需要的資料。訪談最主要是在探討現象的當前情況，以了解問題，故此一方法適用於探索性研究，而非驗證性的研究。又依據訪談的性質，可分為結構性訪談（structured interview）與非結構性訪談（unstructured interview），前者為訪談的內容與順序在訪談進行之前就已標準化，訪談的實施完全遵照預定的訪談表格（interview schedule）逐一進行；後者則未使用訪談表格與事先決定好的訪談程序，對於受訪者的反應也未有任何限制，訪談情境較開放，且具較高的彈性與自由。

為了在訪談中能夠清楚地界定本文所需的資訊，本文訪談的設計將採取「半結構式訪談」：以上述次級資料的分析為經緯，事先擬定好預設的訪談大綱和相關的問題組合，並於訪談中，讓受訪者透過開放式（open-ended）的問題回應方式進行陳述，除可使受訪者對於原先已設定的於結構性問題能提出個人看法之外，亦有機會激發出受訪者個人獨特之觀點，俾利於進一步拓展研究的發現。

三、焦點團體座談法

焦點團體意指針對某特定問題或特定族群組成團體進行資料收集，其優點為省時間，且以小團體訪談，易激發彼此間互動的情形，可談較廣泛的議題，讓研究除了文獻的瞭解外，更可深入明確瞭解研究對象的實際情況。本研究將就涉及或關切「海峽西

岸經濟區」或「粵港澳合作框架」的特定利害關係人，規劃辦理產、官、學的焦點團體座談，希望深入瞭解不同利害關係群體，對於本項政策的認知，作為分析研究的基礎。

（作者平潭考察現場拍攝）

兩岸次區域的合作有可能成為兩岸未來經濟合作的重要項目，圖為「平潭綜合實驗區」積極對台海上直航的推動，強調平潭對台灣的地緣優勢，全球僅有三艘高速客輪－「海峽號」，更成為海西區積極對接台灣的品牌形象。

Chapter 2
第二章　　區域整合理論的類型比較之探討

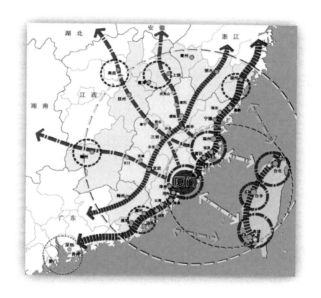

（摘自2009年12月「海西區城市群發展規劃」，中國城市規劃設計研究院繪製）

次區域合作成為新區域主義理論與實踐探討的重點。上圖為海西區對台經濟對接合作圖。

第一節　整合理論的分析視角比較

　　整合理論主要研究視角有三種：一、功能階段發展的整合論，如Balassa的整合階段論，或是功能主義、Hass的新功能主義，二、區域發展空間的整合論，全球、區域到次區域等地理空間由大到小的整合概念，三、新制度主義的整合論，亦即透過對整合制度、機制的研究。這三者也都是整合理論的主要內容，亦可以轉化為具體案例的比較標準。

　　比較「海峽西岸經濟區」與「粵港澳合作框架」整合方案實踐的異同，透過前述三項整合理論的比較視角中，在研究上除了較具有全面性的觀點，亦能針對「海峽西岸經濟區」與「粵港澳合作框架」進行檢視比較，因此本章主要目的將所涉及的整合理論分析架構加以歸納與整理。

一、功能階段發展的整合論

　　以功能階段發展研究視角，主要整合為循序漸進的過程，從區域整合的經濟體之間相互取消關稅，削減非關稅壁壘，逐步實現貨物、服務、人力、資金等生產要素的自由流動，生產效率上克服解決了區域之間市場競爭的不完全性問題，降低各國往來的生產成本等問題。

　　功能階段發展的區域經濟整合最有影響力的就是Balassa，他在1961年出版的 *The Theory of Economic Integration* 一書就開宗明義認為經濟整合是一個過程（a process）也是一種情勢狀況（a state of affairs），整合過程是一種動態的觀念，消除國與國之間的任何差別待遇存在（discrimination）。經濟整合也是一個

靜態的概念，意謂國與國之間已經沒有各式各樣的差別存在（absence of different forms of discrimination）。（Balassa，1961：10），Balassa發展出著名的六種層次高低不同分別是「優惠貿易安排」（Preferential Trade Arrangement）、「自由貿易區」（Free Trade Area）、「關稅同盟」（Customs Union）、「共同市場」（Common Market）、「經濟同盟」（Economic Union）、「完整經濟聯盟」（Complete Economic Integration）等不同功能階段發展的整合觀點。

Peter Lloyd & Mark Crosby在研究中國區域整合又將功能階段發展細分為以下，依序為（Lloyd & Crosby, 2002）：

1. **部門優惠貿易安排**：對選定特定產業和商品的優惠關稅。
2. **自由貿易區**：整合方間取消貿易（含貨品與服務）關稅與其他非關稅的貿易障礙。
3. **關稅同盟**：自由貿易區成員方對非成員方的貿易（含貨品與服務）管制措施的協調一致。
4. **共同市場**：成員方之間在商品、服務、資本與勞動力等生產要素，建立可以自由流通的自由貿易區，並取消對成員方所有貿易管制措施。
5. **單一市場**：在共同市場加上在所有法令、管制措施和稅收上的協調。
6. **經濟同盟**：單一市場與成員方之間經濟制度與政策的統一協調，設立超國家組織，該組織的決議對所有成員國方都具有拘束力，許多國家放棄部份的主權。
7. **貨幣同盟**：發行單一貨幣與設立統一的中央銀行。
8. **財政同盟**：對區域貿易內實施對企業與個人平等的國民待遇措施。

表【2-1-1】：區域經濟整合的功能階段發展表

	降低區域內產品關稅	取消關稅和其他貿易管制措施	共同外部關稅	生產要素自由流動	各種經濟政策（財政、貨幣）的協調	實施稅收協調	單一貨幣和單一的中央銀行	區域內實施國民待遇（稅收）
部門優惠貿易安排	✓							
自由貿易區	✓	✓						
關稅同盟	✓	✓	✓					
共同市場	✓	✓	✓	✓				
單一市場	✓	✓	✓	✓	✓			
經濟同盟	✓	✓	✓	✓	✓	✓		
貨幣同盟	✓	✓	✓	✓	✓	✓	✓	
財政同盟	✓	✓	✓	✓	✓	✓	✓	✓

資料來源：Lloyd, P.& Crosby, M.(2002), "China Options for Regional Integration and Cooperation: Conceptual and Theoretical Framework", Background Paper for EAS Country Unit, World bank, Washington, DC, June.（徐春祥，2008，21）

　　相對於歐盟國家整合的同質性，大陸學者徐春祥則將提出差異較大的異質性經濟體的整合功能階段，分為貿易整合、共同市場、以貨幣為代表的經濟聯盟、共同體安排等四個階段（徐春祥，2008，20-23）：

1.**貿易整合**：貿易整合是「異質」結構成員區域經濟一體化的初級階段，涵蓋了次區域優惠貿易安排，基於專業分工的淺層次貿易整合、自由貿易區以及關稅同盟，體現了一種市場推動的區域化到政府制度協調的區域主義協調過程。

2.**共同市場**：共同市場已超越貿易整合的層次，促進區域內生產要素自由流通，為區域經濟整合的必經過程。

3. **以貨幣安排為代表的經濟聯盟**：包含前述整合階段，增加了貨幣與財政政策的協調。

4. **共同體安排**：共同體為內涵較廣的整合概念，包括經濟共同體、政治共同體、文化共同體等多重功能，徐春祥認為，異質結構的成員方經濟整合的目標不是要完全的經濟政治一體化，而是要建立共同體，其中經濟共同體要是前提。

功能階段發展的整合論主要仍基於歐盟發展經驗為主，其展開主要動機在於新功能學派所強調的「外溢」（spill-over）論點，即在某一合作項目達成共識展開合作後，「擴散性」的效果（effects of ramification）也有助於在另一個合作項目達成共識。但Hass仍強調「外溢」現象並非是一個自發的過程，而是一個自覺的過程。只能當行動者願意將其所認識的整合經驗應用在另一個新的情境時，「外溢」才會發現（Hass, 1964：48）。即使是「功能聯繫」（functional linkage）與「刻意連繫」（deliberate linkage）都有賴政治人物、國際組織和利益團體的推波助瀾才能達成，亦即每一個功能發展階段達成都必須推動整合者。

新功能學派（Neo-Functionalism）則採取類推（Analogy）來詮釋整合現象，強調參與整合者的利益動機，研究參與整合者的認知與行為模式，以便解釋參與整合國家的性格。海斯只有各國的交流數據並不足以說明正在整合的工程，除非能用整合者的行動認知來重新詮釋這些交流數據。因此海斯認為國際整合能否成功係於各主要政治菁英和政要的支持程度而定（Hass, 1958：283-298）。

值得注意的是，該模式預設了，政治主權已獲得某種程度的解決或諒解，同時功能性外溢也需要在政府間談判才能促成。「新功能主義」是個政治建構的功能性整合模式，它不是用以去「政治化」。因此歐盟的整合模式直接套用目前的兩岸關係，而

忽略其預設的前提時，其解釋力可能相當有限，例如兩岸關係要從經濟議題跨越到政治議題的協商，歐盟經驗「新功能主義」外溢論點難以突破兩岸政治障礙。

二、區域發展空間的整合論

從區域發展空間的整合論而言，主要有全球化、區域整合，以及次區域整合，以及跨域經濟等不同層次整合。地理空間領域而言，全球化是最大範圍的整合，如全球多邊經貿整合的世貿組織，其次是各國的區域整合如歐盟、東亞自貿區、北美自貿區、TPP、RCEP跨國多邊的自貿區等等，再其次是國與國（或地區與地區）的經貿區域整合，包括美韓FTA、兩岸經濟合作協議框架ECFA、中國大陸與港澳關於建立更緊密經貿關係的安排CEPA等等皆是。

歐盟整合是各區域整合的典範，在整合範圍中也不斷有新成員國加入而擴大，從1973年到2013年，歐盟會員國從6個擴大28個會員國。東亞經濟整合也正加快發展中，從1984到1999年東協十國完成的經濟整合基本架構ASEAN，整合合作會員國不斷擴充，自東協與中國大陸2002年簽署全面經濟合作架構協議以來，對外發展自由貿易協議的版圖不斷擴大，2007年會員國決議加速於2015年前建立「東協經濟共同體」（AEC），於2007年至2010年密集完成與日本、韓國、澳洲紐西蘭、與印度等四個重要國家簽署「東協加一」FTA。2011年第19屆東盟高峰會議中提出「東盟區域全面經濟夥伴架構」（ASEAN Framework for Regional Comprehensive Economic Partnership, RECP）預計將於2015年將六個「東協加一」，進一步整合成擁有全世界人口半數，16國GDP高達23兆美元，RCEP將成為全球最大的自由貿易區。

另方面東協部分成員新加坡、越南、汶萊、馬來西亞也加入由美國所主導的「跨太平洋經濟夥伴協定」（Trans-Pacific Partnership,TPP），被稱為「21世紀的FTA」的TPP，是高標準的FTA，包括廢除關稅外，還要設立服務貿易、投資、智慧財產權、政府協調、競爭政策等各種貿易投資規則，未來若籌組順利將對全球區域整合產生重大影響。

　　2013年歐美主要八國峰會（G8），美國與歐盟領導人正式同意啟動TTIP（Transatlantic Trade and Investment Partnership）跨大西洋貿易與投資夥伴關係協議談判。舉此美國在未來的「一體兩翼」經濟戰略輪廓愈加清晰，亦即以北美自由貿易區（NAFTA）為主體，外加TPP與TTIP在兩翼聯動。

　　除了全球化與各國多邊區域整合之外，在國與國、區域與區域之間整合的層次，也出現所謂次區域合作的整合模式。至於次區域合作整合模式是相對於區域整合而言，迄今為止，自20世紀80年代末、90年代初冷戰結束後次區域經濟合作現象出現以來，學界對此討論概念，包括「成長三角」（Growth Triangle, GT）、「自然經濟區域」（Natural Economic Territories, NETs）、「次區域經濟區」（Sub-Regional Economic Zones, SREZs）、「次經濟自由貿易區」（Sub-Regional Free Trade Areas, SRFTA）、「跨國經濟區」（Transnational Economic Zone）、「跨國成長區」（Cross-National Growth Zones）、「次區域主義」（Sub-regionalism）、「微區域主義」（Micro-regionalism）等等概念與理論。

　　上述次區域合作的理論與實踐放在同一套檢視標準來探討，包括概念釐清、內容意涵與機制作用等三者，比較具有意義。

（1）**概念釐清**：認為次區域經濟合作是一個相對的概念而不是絕對的概念，即次區域是相對於區域而言的。如果把東亞看作是一個區域，那麼東北亞或是東南亞則

為次區域；如果把東北亞看作是一個區域則大圖們江地區便是一個次區域；當然大圖們江地區相對于東亞也是一個範圍更小的次區域，因此可見，從地理範疇而言，次區域是相對於區域而言的。從這個視角看，如果一國內部毗鄰的地區間進行的區域合作也可以稱作次區域合作。

（2）內容意涵： 相對區域合作，次區域合作更具彈性，更為具體，具有微觀意涵。

（3）機制運作： 次區域經濟發展的過程中，市場機制與政府機制誰先起到主導作用的問題。如果是市場主導的，應該如何規範，用誰的法律規範？如果是政府主導，是由中央政府或是地方政府發動？

首先出現的次區域經濟合作是在1989年12月，由新加坡總理吳作棟倡議，在新加坡、馬來西亞的柔佛州、印尼的廖內群島之間的三角地帶建立經濟開發區,並稱之為「成長三角（或增長三角）」（Growth Triangle），吳作棟將「成長三角」定義為：在政治型態、經濟發展階段不同的三個國家（地區）的互補關係、促進貿易投資，以達到合作地區經濟發展、政治安定目標而設置的多國籍經濟地帶（Lee, 1991：2-5）。

美國學者Scalapino, Robert A列舉了珠江三角洲－香港之間的經濟合作以及「新－柔－廖」成長三角事例，提出了「自然經濟領土」（natural economic territories, NETs）的概念（Scalapino, 1999：31），說明了「自然經濟領土」NETs生產要素充分互補後所帶來的明顯經濟成長與區域經濟體系建立。

大陸學者李鐵立與姜懷寧則以邊界效益的角度來說明次區域經濟合作可能性與機制建立，他們認為邊界效應有「屏障效應」與「中介效應」（李鐵立、姜懷寧，2005：90-94），次區域經濟合作

就是將「屏障效應」轉為「中介效應」的過程，目前國際間出現次區域合作就是趨勢，就是邊界的「中介效應」取代「屏障效應」，而「中介效應」是指兩國（地）間的經濟、社會、文化具有交流合作需求，可以大大降低雙方合作的交易成本。而要發揮中介效應的條件有：自然人文地理具有連續性與相似性、經濟發展水平具有梯度差異、具有腹地優勢與過境需要等等（李鐵立，2005：55-56）。

近年來隨著跨區域經濟合作盛行，學界將區域主義、次區域主義做更清楚的劃分，不只是相對的範圍大小的概念，出現了所謂「微區域主義」（micro-regionalism），次區域主義專指一些中小型經濟體而言，至於「微區域主義」則是一種次國家的地緣概念，推動合作的推動者主要是地方政府（Sasuga, 1999：1-10）。

有學者認為「次區域經濟合作」概念必須加以澄清並重新界定，次區域經濟合作是一個相對於區域經濟合作的概念，依據是否跨越國界與邊境為標準再予區分為「國際次區域經濟合作」和「國內次區域經濟合作」，或是以參與主體是否具有「獨立行政權」為標準與國際區域經濟合作進行區分（董銳，2009：23）。本研究採用是否跨越邊境且具有獨立行政權（含地方政府），探討中國大陸推動跨邊境次區域經濟合作為主要研究範圍，至於中國國內次區域經濟合作不是本研究的課題。

目前中國大陸積極參與跨邊境次區域合作主要包括（如表2-1-2）：

1. 「粵港澳次區域經濟合作」，以香港澳門和廣東為核心的。
2. 「大圖們江跨國自由貿易區」，參與國家有中國大陸、俄羅斯、北韓等次區域合作，中國以吉林省為參與主體。
3. 「中國與北韓次區域經濟合作」，以中國遼寧省為參與主體。
4. 「新疆跨邊界次區域經濟合作」，合作國家有哈薩克、吉爾吉斯、烏茲別克、土庫曼，中國以新疆為參與主體。

5. 「大湄公河次區域經濟開發」，參與國家包括緬甸、寮國、柬埔寨、泰國與越南等，中國主要參與以雲南省與廣西省為主。

6. 「海西區次區域合作」，主要是針對台灣的次區域經濟合作，主要參與以中國大陸海西區為主。

表【2-1-2】：中國邊境次區域經濟合作主要個案彙整

次區域經濟合作名稱	實施期程	參與主體	邊境參與國與地區	運作機制	成效評估
粵、港、澳次區域經濟合作	2003年開始	廣東	香港、澳門	**協議**：在CEPA架構下中港簽署「粵港合作框架」、中澳「粵澳合作框架」。 **實驗區**：深圳前海－香港、珠海橫琴半島－澳門，雙方皆有合作契約。	因架構內的經濟體具有地理位置相近、雙方交流頻繁、語言文化相同等優勢，加上同為一個政治實體所領導，在中共中央政府政策運作下進展順利，目前已成為中國大陸「一國兩制」架構下次區域經濟合作最可能成功的示範區。
海峽西岸經濟區	2009年展開	福建全部，廣東、浙江、江西部份	大陸主導，以台灣為對象	**協議**：兩岸簽署經濟合作框架協議（ECFA），但兩岸並未協議共同發展「海西區」，「海西區」與「平潭島」皆為中共片面設置。	海西區是中共對台經貿交流平台架構中所力推的新經濟示範區，但因福建本身區位與客觀經濟條件不如「長三角」及「珠三角」等兩大台商集中區域。但在中共逐步增強「海西區」政策優惠措施吸引台

				實驗區：福建「平潭綜合實驗區」、「廈門綜改區」－台灣，中共片面設置。	商企業投資，並透過兩岸「經濟合作協議框架」ECFA優先試行各項開放市場優惠政策，未來「海西區」能否成為大陸對台經濟重要的合作交流實驗區，值得觀察。
大湄公河次區域經濟合作	1950年代展開	中國（雲南和廣西壯族自治區）	緬甸、寮國、泰國、越南、柬埔寨	**協議**：自1992在亞洲開發銀行在馬尼拉舉行大湄公河次區域六國首次部長級會議，正式啟動大湄公次區域經濟合作（Greater Mekong Sub-region, GMS）。 **實驗區**：五清溝通計畫（清邁、清萊、景棟、景通－琅勃拉邦、景洪）。	本區是亞洲次區域經濟開發區中最為重要的項目之一，主因湄公河自中國發源於越南入海，途中流經國家皆為東南亞政治實體中重要或極具開發潛力的國家，僅一條湄公河的榮枯就關係著民生、經濟、水利、發電等重大議題，而區域成員國彼此的民間或官方交流也早已十分熱絡，在國際機構積極參與，已被認為是跨國間次區域合作的典範。

圖們江跨	1992年	吉林	中國、俄羅斯、北韓、韓國、蒙古	**協議**：聯合國開發計畫署（UNDP）制定「圖們江地區發展計畫」且提出「圖們江經濟發展區和東北亞發展的推薦戰略研究報告」。 **實驗區**：分為大三角與小三角，大三角為中國延吉－禪先清津－俄羅斯符拉迪斯托克、小三角為中國琿春－北韓羅津－俄羅斯波謝特。	圖們江自古為中國與朝鮮界河，近代因俄國（蘇聯）的介入，導致此區域的紛爭不斷，惟近年在經濟民生的考量下，身處邊界爭議的各方已有共識儘速開發此區域。該區因為坐擁中國東北、俄羅斯東部以及北韓等廣大腹地與天然資源，此區若能將邊界爭議化為最低，將有可能成為東北亞具潛力的經濟推升動能的新核心地帶。
中朝次經濟合作區	2010年代展開	遼寧	中國、北韓	**協議**：中國遼寧省編制「中朝羅先經濟貿易區總體規劃」、北韓修訂了「羅先經貿法」，制定「黃金坪、威化島經濟區法」，雙方都有約束法令。 **實驗區**：北韓東北角的－羅先經濟貿易區、與丹東一江之隔的黃金坪和威化島經濟區	北韓長期「重軍輕經」發展走向，近年來逐漸開始重視推動與中國邊境地區經濟合作，雖然此區僅有中國及北韓兩國共同推動，但因發展基期低，資源豐富、人力充沛、有可能成為推升北韓邁向開發中國家的經濟動能，鄰近的中國吉林省也將帶來經濟發展成果，對強化中朝兩國政治經濟合作將發揮重要作用。

| 新疆跨邊境經濟合作區 | 1992年展開 | 新疆 | 中國、薩克斯塔、吉爾吉斯斯坦、烏茲別克斯坦、土庫曼斯坦 | **協議**：「關於在邊境地區加強軍事領域信任的協定」開始了相互促進「中塔吉關於三國國界交界點的協議」解決了邊界問題，「上海合作組織」的建立與「烏洽會」的召開，使中國與中亞的石油發展更加緊密。
實驗區：有世紀合同之稱的「中哈石油管道」、中哈「霍爾果斯」國際邊境合作中心。 | 本區坐擁豐富的石油及原物料礦石資源，雖然歷史上區域內成員國複雜且各國邊境爭議也較其他區域為多，不過在「上海合作組織」的基礎，中國積極統合下，本區逐漸可能成為中亞經濟開發重鎮。 |

資料來源：中國國務院相關部委官方資料之確認，搜尋時間：2014年5月11日。
作者自行製表

　　而本書主要的重點在於「國際次區域經濟合作」跨境區域合作而言，先擱置統獨爭議，純就兩經濟體出現邊境效應而言，如中國內地廣東省等與港澳、海西區與台灣的跨境次區域整合進行討論。

三、新制度主義的整合論

　　從新制度主義觀點分析國際與區域的整合主要有：一、聯邦主義、二、歷史制度主義。

（一）聯邦主義（Federalism）

　　從整合制度化而言，聯邦主義主要以歐盟整合經驗為主，聯邦學派研究的目標非常明確，就是鎖定在推動成立「超國家組織

或機構」（establish an supra-national organization）。過去聯邦主義主要是來自歐盟整合的經驗，主要在於聚焦在超國家組織的制度建立，在兩岸間這種超國家組織的建立，僅在部分少數的學界討論與提議，尚未形成兩岸政府間議題。然而從整合制度的視角而言，特定區域經濟整合達成一個超國家市場形成的過程，隨著區域內各經濟體相互滲透與相互依賴的加深而逐漸達成的制度創新與制度安排。

然而有關不少對中國經濟成就的因素探討，聚焦在中央政府鼓勵並提供誘因，促使各地方政府勇於創新制度，透過對先進經驗與制度的實驗與學習，以利吸引資金、人才，開拓新市場，強化競爭力；相對地，中央政府透過政治指導給予地方政府一連串的保護與支援，形成所謂的有中國特色的經濟聯邦主義（Federalism of Chinese Style）（Gabriella Montinola,Yingyi Qian and Barry R. Weingast, 1995：50-81），此一中央與地方運作模式，對後來粵港澳合作、海西區概念提出無疑具有重要的啟發意義。「粵港澳合作框架」與「海峽西岸經濟區」在運作過程中，大都是由地方政府基於自身發展需要進行制度創新，向北京中央爭取，經中央政府批准同意而實施。

（二）歷史制度主義

以歷史制度主義的整合觀點，比較適合用來解釋兩岸之間。首先是在「粵港澳合作框架」制度形成的歷史脈絡因素，是否牽動著「海峽西岸經濟區」的出台，在中國大陸單邊推動這類的制度性思考與制度建制，是否具有意義的制度同形性（Isomorphism）存在，包括強制、模仿與規範等不同類型的同形性。

「歷史制度主義」乃是由Paul Pierson提出，以分析制度對政治結果的影響。該理論之所以稱為「歷史的」，是因為Pierson認為任何的政治發展都是一種隨著時間推移所表現出來的暫時過

程；而稱為「制度的」則是指這些政治過程所顯現的意涵是鑲嵌於制度當中，包括正式原則、規範或政策結構，都是包含於一些制度之中（Pierson,1996）。歷史制度主義者Guy Peter認為，行為者訂立整合政策之初都是要極大化其利益，但是後來卻產生制度或政策改變的非預期結果，如果只從某一時間點看此過程，則會把事件的真實性扭曲，因此歷史制度主義的歷史觀強調過去對現在的影響，前一階段的政策選擇往往會決定和影響後一階段的政策方案，前後制度變遷與鞏固存在著「路徑依賴」（path dependence）現象（Peter,1999）。歷史制度主義致力於發掘重大事件以及對人類產生相當影響的政治經濟進程，如國家與社會革命、民主化、全球化或區域化時，不僅要找出共時性的結構因果關係，而且還要從事件變遷的歷時性模式中發掘出因果關係。（薛曉源、陳家剛，2007：5-6）

第二節　整合理論分析的問題與侷限

一、對新功能整合理論的檢討

　　基於歐盟模式經驗的新功能主義整合模式，要來分析兩岸關係或是解釋兩岸關係整合必須要注意新功能理論並不是用來處理主權爭議或是迴避主權爭議的理論，事實上基於歐盟經驗的新功能主義，是建立在各國相互尊重彼此主權前提預設，因此然後在交流整合採取循序漸進，從經濟性、事務性的功能開始，再逐步「擴溢」到其他功能領域，政府與社會菁英扮演重要角色。

因此在運用新功能主義解釋兩岸關係的整合，有三個適用解釋要仔細斟酌的地方。

1. 不少台灣官員與學者，誤解新功能主義整合理論可適用在主權衝突的地方，事實上，包括新功能主義的整合理論是預設歐洲各國主權沒有爭議的前提，兩岸主要糾結是主權爭議，因此如何順利開展功能整合不受主權干擾，明顯地兩岸關係複雜性高於歐盟經驗。

2. 因此在解釋上特別放大先從低階政治的經濟事務性議題開始，就會慢慢擴大到高階議題，這種直線性功能擴溢思維，就連歐盟經驗都出現難以解釋的困境，新功能主義整合理論在1966年布魯塞爾合併協議後就相當沒落，功能擴溢（spill over）甚至出現回溢現象（spill back），一直到1987年歐洲單一法案通過後才又恢復解釋力，世人才又重新重視新功能主義，因此在解釋台灣與大陸的功能整合，要避免「先易後難、先經後政」的直線性觀點，仍須要保留與審慎不宜過度樂觀，尤其兩岸關係發展變數甚多，過去就曾出現過功能「回溢」現象。

3. 新功能主義誇大政府官僚與政治菁英的角色，實際上利益團體、公民團體與選民結構更左右整合進度，在歐盟的過程如此，在兩岸關係互動將更加鮮明，例如2014年3月台灣太陽花學運對兩岸服貿協議審議的影響。

二、區域空間發展的整合論運用省思

過去整合理論分析全球經濟整合或區域整合，主要仍以國家為單位，這主要說明整合是需要政府加以推動。然而不容否認，由於各國條件差異很大，經濟資源、土地面積與生產要素稟賦各

不相同，因此作為較大經濟體的大國，與周邊相對較小鄰國的整合關係與合作程度，必須考慮現實的地緣因素。因此有關經濟地緣理論與次區域經濟整合便應運而生。

　　過去，因台灣面積有限且強調全球佈局的結果，對外經濟合作少有次區域經濟合作的概念，與周邊國家如日本、菲律賓也沒有共同開發資源共享的經驗，因此對次區域經濟合作較為陌生，以現階段而言，僅有金門、馬祖離島與大陸地緣接近，出現了金門離島與對岸廈門，某種程度的通航合作——小三通，進一步旅遊合作、水、電能源合作，尚待努力促成。

　　兩岸關係而言，地方政府就算有意進行次區域合作仍須要得到中央同意為前提，因為兩岸中央政府都牢牢掌握對兩岸政策的主導權，至2014年6月為止，透過中央政府核准、但地方政府作為主要利益關係者並負責推動次區域經濟合作的主體，在兩岸間除了小三通外，基本上都尚未正式展開。

1.中國大陸次區域經濟合作的戰略構想

　　中國大陸基於為促進邊疆地區的安全繁榮、改善與周邊國家與地區的關係，推動大陸的經濟整合國際化等戰略目標，開始都以推動「次區域經濟合作」為優先。而中國大陸學者認為中國大陸推動次區域經濟合作優於區域合作的主要優勢在於如下（李鐵立，2005：123-126）：

（1）次區域經濟合作主權成本低，政治經濟風險較小，容易被參與國接受。

（2）次區域經濟合作通常只涉及成員國領土的一部份，且地理範圍往往具有模糊性，相對區域經濟而言，可以分散風險。

（3）次區域相對區域有較大的靈活性，一個國家與地區可以同時進行幾個次區域經濟合作。

（4）次區域地區的產品市場與投資資本主要依賴次區域以外的地區，不歧視非成員國，具有開放性。

（5）次區域不同於出口加工區，合作範圍更廣泛，合作領域包括貿易投資、旅遊合作、基礎設施、人力資源與環境保護。

（6）生產要素的跨國界流動，主要靠企業為主導的功能性整合作用明顯。

（7）地方政府是次區域合作的主體與主要推動者。

2.邊境經濟合作區、境外經貿合作區與跨境經濟合作區

伴隨全球化與區域整合的過程，國與國邊界功能發生變化，分隔領土與主權區別功能逐漸弱化，而經濟功能逐漸增強，邊境兩側不再視為屏障與禁區，而逐漸成為經濟合作的前沿地帶。在這種趨勢與背景下，跨境經濟合作應運而生，跨境經濟合作區是兩國邊境地區的一種緊密合作機制，各國或地區提供特殊政策，利用相鄰國家或地區的資源與市場，發揮邊境兩地區互補性，吸引各種生產要素和資源在合作區匯聚，促進邊境地區繁榮發展，促使「邊緣區」成為「核心區」。

中國大陸推動與邊境國家與地區進行次區域經濟合作框架下，進行各種具體區域合作運作模式與平台，包括在20世紀90年代初提出的「邊境經濟合作區」，和進入21世紀所提出「境外經貿合作區」，以及最近進一步提出「跨境經濟合作區」。而「跨境經濟合作區」在概念上是與「邊境經濟合作區」、「境外經貿合作區」具有內外聯繫的中介互補作用（羅聖榮、郭小年，2012：105-106），是近年中國政府用來超越與提升次區域經濟合作的層次的重要實驗平台。茲分別說明如下。

（1）「邊境經濟合作區」

從「沿海、沿江、沿邊」開放開發順序，提高邊疆地區人

民生活水準，為實現地區均衡發展，主要在中西部邊疆沿邊開始設立，1992年開始截至目前為主，中國大陸政府共成立15個國家級邊境經濟合作區，剛開始主要從事邊境貿易與發展加工出口區[3]，再逐步擴充。

（2）「境外經貿合作區」

境外經濟合作區是為了減少國外的貿易壁壘，透過中央政府牽頭，與政治穩定並與關係較好的國家達成一致，由中國政府審批通過的中資企業為主，該中資企業再與國外政府協議簽約，在國外建設經濟貿易合作區，再透過該中資企業對外開展招商，吸引國內外企業入駐，形成產業聚落。直至目前為主，中國商務部已批准設立兩批與19個跨外經貿合作區[4]。

（3）「跨境經濟合作區」

「跨境經濟合作區」根據兩國邊境地區對外開放的特點和優勢，劃定特定區域，與賦予該區域特殊的財政稅收、投資貿易以及配套的產業政策，吸引人流、物流、資金流、技術流、信息流等各種生要要素在此匯聚，通過邊境兩邊地區的對接，實現邊境地區的充分互動與優勢互補，實現合作區的快速發展，進而帶動動其他周邊地區的發展。

---

[3] 這15個國家級邊境經濟合作區是：黑河邊境經濟合作區、琿春邊境經濟合作區、滿州里邊境經濟合作區、丹東邊境經濟合作區、伊寧邊境經濟合作區、塔城邊境經濟合作區、博樂邊境經濟合作區、憑祥邊境經濟合作區、東興邊境經濟合作區、瑞麗邊境經濟合作區、畹町邊境經濟合作區、河口邊境經濟合作區、二連浩特邊境經濟合作區、綏芬河邊境經濟合作區和吉不乃邊境經濟合作區。

[4] 這19個境外經貿合作區分布在東南亞、非洲與東歐等地，有七個合作區在亞洲、七個在非洲、歐洲有三個，美洲有兩個。19境外經貿合作區包括柬埔寨西哈努克港經濟特區、泰國泰中羅勇工業園、越南龍江工業園、越南中國（深圳－海防）經貿合作區和中國、印尼經貿合作區、巴基斯坦海爾-魯巴經濟園區、韓中國際產業園區、埃及蘇伊士經濟合作區、毛里求司天利經濟合作區、尼日利亞廣東經濟貿易合作區、尼日利亞萊基自貿區、贊比亞中國經濟貿易合作區、埃塞俄比亞東方工業園、阿爾及利亞中國江玲經濟貿易合作區、俄羅斯烏蘇里斯克經濟貿易合作區、中俄托木斯克工貿合作區、俄羅斯聖彼得堡波羅的海經濟貿易合作區、委內瑞拉中國科技工貿區與墨西哥中國（寧波）吉利工業經濟貿易合作區等。請參閱中國商務部相關網站http://www.mofcom.gov.cn/article/zt_jwjjmyhzq/。

以中國大陸而言，「邊境經濟合作區」是「跨境經濟合作區」的準備與前提（羅聖榮、郭小年，2012：92），一開始兩國各在邊界設立「邊境經濟合作區」，待到邊境經濟合作發展突破了國家邊界屏蔽效應，適時推動兩國邊境經濟合作區的融合，建立跨境的經濟合作。因此「跨境經濟合作區」特色在於實施「兩國一區、境內關外、自由貿易、封關運作」的管理模式（羅聖榮、郭小年，2012：96），實施貨物貿易、服務貿易和投資自由的開放政策，在兩國設立「一區兩國」的經濟合作特區。

　　「跨境經濟合作區」在中國大陸各省與周邊國家合作目前正加緊推行中[5]，但真正成功案例並不多見。中哈（中國與哈薩克）霍爾果斯國際邊境合作中心是中國第一個跨境合作項目，也較為成功[6]。合作中心沿界河跨中哈兩國邊境線，實際規劃面積5.28平方公里，其中中方區域3.43平方公里，哈方區域1.85平方公里，同時中方在合作中心以南一公里處建立支持中心的配套區域，配套區域規劃面積為9.37平方公里，主要用於出口加工、保稅物流、倉儲運輸，作為支撐合作中心發展的產業基地，改變過去只有單一的通貨功能，而無產業支撐的局面。在國際上實施較為成功的案例有新加坡、馬來西亞、印尼的「新－柔－廖」成長三角，以及歐洲上萊茵地區等（朱顯平、姜永銘，2008：12-15）。

　　至於將跨境經濟合作區的概念用於兩岸關係，已有大陸民主黨派民主促進會（簡稱「民進」或葉聖陶研究會）研究倡議在

---

[5] 在邊境經濟合作區的基礎上，中國大陸各省也提出跨域經濟合作的新發展戰略，如廣西省提出中越憑祥-同登、東興－芒街跨境經濟合作區的建設，吉林省提出中俄琿春－哈桑、中朝琿春－羅先的跨域經濟合作區，而雲南省則提出中越河口-老街跨境經濟合作區、中緬瑞麗－木姐跨境經濟合作區、中寮磨憨-磨丁跨境經濟合作區。

[6] 中哈（中國與哈薩克）霍爾果斯國際邊境合作中心，請參考http://www.goudgans.cn/page/border-cooperation-center-introduction.html

金門、廈門建立廈金跨境合作區的可行性（民進中央聯絡部課題組，2013：88-97）。

第三節　「粵港澳合作框架」與「海峽西岸經濟區」運作模式比較

　　中國大陸針對台港澳地區，所進行的次區域整合戰略與執行方案——「粵港澳合作框架」與「海峽西岸經濟區」這兩個次區域合作的運作模式，基於北京對於「一國兩制」戰略一致性的目標，這兩個次區域合作案例，往往具有制度先後參照模仿的現象，值得加以比較。

一、協議之後的整合安排

　　這兩個次區域的安排主要背景都是中國大陸分別已向台港澳三地都已簽署經濟合作協議，2003年大陸與港澳簽署「中國內地與香港更緊密的貿易夥伴安排」CEPA，2010年中國大陸與台灣簽署「兩岸經濟合作協議」ECFA，雖然中國大陸與台港澳經濟整合早已優先於政府制度性的整合，有了合作協議框架，更能進一步促使非制度性經濟合作，朝向制度性整合發展。

　　此外，「粵港澳合作框架」優先實施於「海峽西岸經濟區」，在兩項次區域整合發展路徑具有先後參照模仿關係，前者制度與實踐經驗是否對後者具有「垂範」意義或制度模仿，換言之，能

否從「粵港澳合作框架」預測出「海峽西岸經濟區」的運作模式，是本書關切的重點。

1.經貿互動

兩個次區域整合發展，主要都在優先促進經貿合作，建立經濟依賴關係，但「粵港澳合作框架」與「海峽西岸經濟區」的經貿整合程度差異甚大，相對於「粵港澳」經貿互動緊密合作程度，台商並未將主要投資與貿易放在「海西區」，在「海西區」優勢不如珠三角、長三角，因此持續強化「海西區」兩岸經貿互動的政策優勢，並學習「粵港澳合作框架」經貿互動的發展經驗與制度規劃，可能是未來「海西區」發展的重要課題。

2.制度安排

經貿緊密合作會提高制度建構的需求，現階段中國大陸與港澳經濟對接，在制度安排方面的綜合性與多層次性，均遠遠超過「海西區」與台灣的對接。從2003年簽訂CEPA開始，中國大陸與港澳對接的制度化措施，包括「泛珠三角經濟合作論壇」（簡稱就「九加二」論壇）、「珠三角地區改革發展規劃綱要」、「粵港澳合作框架」、「前海深港現代服務業特區」等多項制度整合，反觀「海西區」除了ECFA之外，台灣政府對海峽經濟區的構想興趣缺缺，但兩岸ECFA後續協商，中國大陸方面開始將兩岸市場優先開放區，以海西區與福建地區為優先開放為主，因此以「海西區」為先行先試的制度安排仍會繼續進行。

3.跨界整合

主要是指次區域合作主體的跨界整合，包括政府對政府、政府對企業、企業對企業的跨界整合形式，主題包括人流往來、法律制度整合、降低跨境經濟合作成本等等，目前中國大陸已選擇若干「實驗區」作為次區域合作的先行示範區與合作增長極，如「粵港澳合作框架」的前海、橫琴、「海峽西岸經濟區」的平

潭與廈門，在上述這些實驗區內推動實施的各項優惠政策吸引資金、人才與企業投入。

4.中央與地方治理結構

「粵港澳合作框架」與「海峽西岸經濟區」兩個次區域合作方案的運作模式，主要都是先由地方政府積極倡議與推動，中央政府再給予政策背書。地方政府為取得中央授與特殊政策，往往會強調對港澳台的政治意涵以爭取北京中央認同，例如「海西區」與「平潭島」規劃都以落實「兩岸和平統一」創造有利條件，而「粵港澳合作框架」則以落實「一國兩制」與深化主權融合作為號召。

此外，這兩個次區域合作都是由中共國務院國家發展改革委員會負責制定並公布方案、而且，涉及中央與地方各省之間的部際聯繫會議也都由「發改委」負責溝通協調的平台運作，顯示台港澳的次區域合作，中央對地方治理結構頗為類似且有相互模仿之處。

二、以辯證功能主義解釋台灣戰略路徑轉變

用於兩岸經濟整合的制度觀察，可分全球性的整合制度、區域整合制度、兩岸次區域整合制度，以及兩岸跨域經濟合作制度等不同層次的四個制度領域來分析。其中從發展路徑來看，前兩個全球性與區域多邊的整合涉及許多國家，後兩者專指兩岸整合尤其是兩岸次區域與跨境的合作。若以辯證功能主義（dialectical functionalism）的角度來解釋2008年以前台灣的發展路徑，從全球多邊到區域多邊的經濟對接模式，台灣政府的偏愛是以全球佈局發展路線為主，優先選擇全球化與多邊區域合作，但隨著全球主義（globalism）受到挫折，中國政經實力崛起，開始對台經貿外

交與國際連結進行打壓，加上2008年台灣政黨輪替兩岸關係出現和緩，台灣開始先透過與中國大陸整合再全球佈局的戰略轉向。

2008年後，台灣政府、中國大陸政府與相關利益團體等，三方一起合作推動台灣與大陸加速進行整合，「海西區」取得較佳時機與條件進行與台灣經濟整合的因素如下：

1.全球化受阻轉向區域主義

因世界貿易組織因「杜哈回合」進展不順利，使得全球多邊經濟整合架構發展受阻，全球經濟整合朝區域主義（Regionalism）發展，區域多邊與雙邊的發展路徑成為主流。但世貿組織WTO的規範仍成為建構區域經濟合作標準門檻或區域整合基礎，各種區域合作主要都以超越世貿組織規範標準WTO-plus，為區域整合的入場標準。

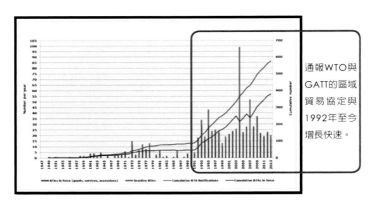

通報WTO與GATT的區域貿易協定與1992年至今增長快速。

圖【2-3-1】：區域貿易協定數量增長圖

資料來源：根據WTO網站繪製（參見http://www.wto.org/english/tratop_e/region_e/regfac_e.htmh）

在區域多邊方面，歐盟EU、北美自由貿易協議NAFTA、「東協加一」ASEAEN+1，以及未來2015年的東協加一的擴大整

合成RCEP、泛太平洋TPP，泛大西洋TTIP，在雙邊方面，則有各國之間各式各樣的雙邊與多邊區域整合協議，根據世界貿易組織WTO統計，至2013年7月底為止，通報WTO的區域貿易協議（Regional Trade Agreement）已有575項，其中實施的有379項（如圖2-3-1），包括中國大陸與港澳的CEPA，兩岸則於2010年簽訂ECFA。

2.兩岸次區域合作與跨域經濟合作

至於次區域合作方面，則在區域架構內深化地緣區域加速整合，香港、澳門與廣東「粵港澳合作框架」發展模式，海西區與台灣整合在兩岸政府間尚未簽署任何協議前，「海西區」規劃仍屬中國大陸單邊市場開放，如同台灣正在推動的「自由經濟示範區」也屬於先行自我市場開放，未來如何對接兩岸次區域整合，兩岸政府間如何進一步整合對接，將是兩岸次區域合作的重點。

在次區域合作框架與制度規範下，兩岸跨域經濟整合的制度建構，在於兩岸城市間跨域經濟合作，在地緣最近的金門馬祖等地與大陸經濟合作尚未進一步建立，現階段台灣各縣市或各城市之間也未予大陸各城市有任何經濟跨域的合作，這需要兩岸中央政府授權與同意的前提才能推動，其中兩岸跨域經濟合作的先行先試區，在小三通的基礎下，金廈跨域經濟合作可能是兩岸次區域合作的新起點。

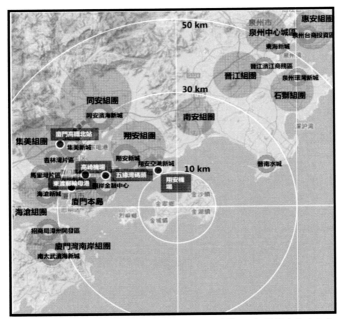

（摘自《金門縣概念性總體規劃》，金門縣政府出版）

2001年金廈小三通是兩岸第一個次區域合作的案例，如今金門在自由經濟示範區的基礎上，正與中國（廈門）自由貿易試驗區，展開跨境經濟合作，將成為兩岸次區域合作新起點與新亮點。

Chapter 3
第三章　中國大陸次區域經濟合作的戰略思考與制度建構

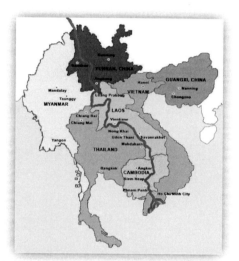

（圖片來源：investment.com；轉錄自〈全球下個迅速
崛起區域？湄公河5國（GMS）連結中印重要關口〉，
《鉅亨網》，2014-04-22 17:20:29，http://news.cnyes.com/
Content/20140422/KIUVG2GRAMKG3.shtml?c=detail）

自1992年在亞洲開發銀行倡議推動，成立大湄公河次區域合作（GMS），
是中國大陸與中南半島五國重要的次區域合作，也是發展最成熟的次區域
合作範例，影響深遠。

第一節 次區域（*Sub-Regionalism*）合作的 興起與發展

　　相對於傳統區域主義主要是大國主導，其核心利益往往是傳統的政經利益爭奪，著眼於傳統安全，非傳統安全則為其次；次區域主義就以經濟利益的結合為主，因此次區域主義與區域主義的主要差異有下列：

一、次區域是一種空間相對的概念

　　認為次區域經濟合作是一個相對的概念而不是絕對的概念，即次區域是相對於區域而言的。如果把東亞看作是一個區域，那麼東北亞或是東南亞則為次區域；如果把東南亞看作是一個區域，則湄公河流域地區便是一個次區域；當然湄公河地區相對於整個東亞而言是一個範圍更小的次區域；若台灣與中國大陸的整合視為一個區域，那麼大陸海西區與台灣部分縣市的合作可視為一個次區域，而金門與廈門之間的合作可視為一個更小的次區域。因此可見，從地理範疇講，次區域是相對於區域而言的。從這個視角看，如果一國內部毗鄰的地區間進行的區域合作也可以視為國內範圍的次區域合作（李鐵立，2005：114）。

　　事實上，目前學界對次區域合作並沒有一個明確的定義。一般認為次區域經濟合作通常只涉及成員國領土的一部分，相對於整個區域經濟合作而言可以分散風險；其次，次區域相對於區域具有較大的靈活性，一個國家或地區可以同時進行幾個次區域經濟合作。

　　次區域又可分為兩種，一為狹義的次區域合作，二為廣義的次區域合作。前者是指區域內兩個或兩個以上的經濟體之間就某

一領域或項目進行合作，像是選定項目商品進行優惠關稅安排，這是區域經濟整合的初步階段，或是基於區域內共同利益的進行開發合作，例如在聯合國開發計畫署（UNDP）發起，由包括中國、北韓、韓國、蒙古與俄羅斯等五個經濟體的大圖們江開發計畫（GTI）；由亞洲開發銀行（ADB）號召下，協調中國、緬甸、寮國、泰國、柬埔寨和越南共同開發大湄公河計畫（GMS）項目皆屬之。

　　廣義的次區域合作，是指包括兩個或兩個以上經濟體精心界定，所達成一種跨國界、跨邊境的多邊經濟合作，例如東亞自由貿易區的形成，是由東協10國與5個東亞主要國家的「10+1」合作，可視為廣義的次區域合作。

　　就合作型態而言，次區域合作主要可分為次區域經濟合作與次區域非經濟合作兩類，一般次區域合作型態雖大都以經濟類為主，但次區域合作往往涉及國家主權、軍事安全、環境保護、共同打擊犯罪等非經濟性議題，這些非經濟合作的程度又往往會回過頭來影響經濟合作，經濟與非經濟的合作互為因果，相互促成。

　　總之，次區域合作是相對區域合作而言，旨在小區域範圍內有兩個或兩個以上國家或經濟體，也可以是兩個或兩個以上國家各自的一部份在區域內，發展成一種跨邊境的經濟合作區。

二、次區域合作範圍廣泛

　　相對於區域合作，次區域合作可以降低風險，具有先行先試的意涵，合作範圍更為廣泛，不只限於加工出口區，通常包括貿易、投資、交通、旅遊、基礎設施、人力資源、環境保護、共同打擊犯罪等功能性合作議題。次區域合作之所以發生主要是參與國，期望透過生產要素跨國界流動能創造互惠雙贏，主要依靠參

與方之間的協調合作，在雙方中央政府同意的前提下，地方政府則是推動次區域合作的主體與推動者。

就合作議題而言，除多樣性之外，也兼具靈活性。次區域合作不必然從傳統貿易談判的優惠貿易項目開始，許多是透過國際組織協調各國進行多邊談判，或是單邊採用國際規範，其合作形式靈活多樣化。

相對歐盟、北美自由貿易區，東亞各國經濟發展水平和發展程度差異甚大，各國的政治制度、社會結構、文化背景與宗教信仰各不相同，因此以次區域合作形式，進行貿易與投資等開發合作，更容易達成相互溝通，增加彼此信任。1989年開始新加坡總理吳作棟發起提倡並獲致成功的新－柔－廖「成長三角」合作模式，成為亞洲次區域合作發展最早成功的範例。

三、次區域合作較有可能突破政治僵局

從政治角度，次區域合作也較有突破政治僵局的功能。在政治價值相同的國家，可以透過具有共同利益項目的深化合作關係，以達到政治結盟的目的。對政治價值不同或處於敵對狀態國家間，次區域合作往往是有助於突破政治僵局的新試點，是緩和緊張關係的潤滑劑，從局部緩和延伸至全面緩和，而達到穩定雙方關係的效果。例如兩岸小三通合作，為過去直航前緊張對立的兩岸關係，扮演緩和關係的潤滑劑功能。

此外，次區域相對區域而言具有局部試點的意味，可以降低全面性合作所帶來對政治、經濟、社會的強烈心理衝擊，可降低全面交往的風險。例如，長期宿敵的印巴兩國，也由邊界貿易逐步開展下，雙方衝突已出現緩和跡象，南北韓也在鄰近南韓首都首爾70公里處的北韓開城，仿照中國大陸深圳特區，建立兩韓企

業合作的開城工業園區，也往往成為兩韓關係緊張或緩和與否的重要觀察點。

台灣與中國大陸直航在台灣社會將帶來嚴重衝擊，因此兩岸推動「小三通」，累積經濟，建立互信，逐步邁向兩岸大三通。

四、次區域合作具有地方反邊緣化的意涵

從地方自主發展的視角，邊境地區具有反邊緣化的主觀意願，期望與鄰近經濟體進行各項區域合作，以促進鄰邊地區發展，吸引國內外企業進駐。這也可以說明為何次區域合作的推動主體，往往是地方政府的原因；而地方政府抗拒邊緣化威脅的有效發展路徑之一，便是努力追求跨境次區域合作。

過去邊境地區，或因交通偏遠，人口稀少，戰爭管制等等因素而導致發展落後，如今在經貿全球化與區域整合大趨勢，交通與資訊科技的新發明，以及合作替代對抗的國際氣氛下，後進鄰邊地區在中央控制減弱，地方自主意識抬頭，透過次區域合作往往是地方翻轉落後發展，向上提昇的重要途徑。配合有利全球化與區域化合作的有利條件，次區域合作將成為國際合作的新形式與重要趨勢。

第二節　中國大陸對次區域經濟合作的戰略思考

中國大陸跨邊境次區域經濟合作規劃，基本是相嵌在整個國際大戰略格局，主要的戰略思考有因應國內外再平衡各項挑戰，

配合「和諧世界、和平發展、和諧社會」的總體戰略需要，進而規劃中國大陸次區域合作的戰略目標。在整個中國國家大戰略，延續第四代領導人胡錦濤總書記的和諧世界總體戰略配套，「對外要和平崛起、對內要社會和諧、兩岸要和平發展」。

一、回應國內外再平衡的挑戰

首先是因應國內外各項再平衡挑戰，在國際再平衡挑戰，北京主要因應美國重返亞洲再平衡的政經戰略挑戰，包括質疑美國背後蓄意挑起釣魚台事件與南海海域主權爭議，推動圍堵中國的跨太平洋經濟夥伴關係協議TPP等；此外，也要因應國際恐怖主義的擴散，尤其是滲透至新疆、西藏地區，恐怖主義組織與疆獨、藏獨合流；加上自2011年開始，西方民主價值在全球社群網站無遠弗屆快速散播，掀起「阿拉伯之春」，進而威脅中共政權專政的正當性；以及全球金融危機方興未艾，引發全球經濟動盪。

中國大陸國內再平衡的挑戰，則主要是中國內部經濟社會發展區域不協調的問題，沿邊境區域與沿海區域發展差距擴大問題；能源供應問題的挑戰；環境生態惡化，巨型環境災害威脅嚴重，以及港澳地區實施「一國兩制」形勢日趨複雜，和平統一台灣與兩岸關係發展已進入「深水區」等挑戰。

二、中國大陸次區域合作的戰略目標

中國推動跨邊界次區域合作，對於推展中國國際戰略與國際政治的佈局，以及進一步使中國經濟與世界經濟進一步對接，具有重要意義。茲將中國大陸次區域合作的戰略目標說明如下：

（1）改善與周邊國家（地區）的關係

在對外政策方面，自中共十六大政治報告強調，「未來10年是中國經濟發展和對外開放的重要戰略機遇期」，強調能否擁有一個和平穩定的週邊環境，是保證中國能否擁有一個經濟順利建設的外部環境之關鍵。基本上，中共十六大至十七大由胡錦濤主政十年來，中國採取了「睦鄰、安鄰、富鄰」外交政策，尋求與周邊國家的友好相處和共同發展，依照新功能主義的整合理論，國家間先行透過經濟合作後自然可以外溢到政治、文化、社會甚至是軍事方面的合作。

十六大政治報告也強調「應該看到，在中國進行經濟建設的同時，中國的周邊環境並不穩定。但無論如何，周邊國家追求是安全與經濟發展，這是中國大陸周邊國家和地區合作的基礎。」長期以來中國的政府與學界普遍認為，世界唯一的超級強權——美國，美國在戰略上都以中國作為潛在的對手，並在戰略對中國進行遏阻，並積極滲透與影響與中國的周邊國家，因此，中國大陸必須透過加強與邊境國家的經濟合作，改善與周邊國家的關係，減少「中國威脅論」效應，包括強化與周邊的中亞五國、東南亞、俄羅斯與北韓的合作，才能確保中國國家利益與安全，而推動發展邊境次區域經濟合作有助於改善周邊國家的關係。

（2）促進邊疆地區的安全繁榮

吉林、新疆、雲南、廣西、廣東是大陸參與周邊國家和地區次區域合作的主要省份。這個五省份除廣東省外，大都是中國大陸的經濟邊緣地區、少數民族聚居區和邊疆地區，具有多元文化、多種民族並存的特點。在西部大開發的背景下，加強地方政府與周邊國家的經濟合作，形成以吉林、新疆、雲南、廣西為核心的對外開放視窗，帶動其他中西部省份的對外開放。不僅能夠促進大陸少數民族地區的經濟發展，對其他中西部省份經濟發展

也能夠發揮輻射和帶動作用，而且有利於維護邊區的穩定，確保邊疆安全。

（3）次區域經濟合作可以推動成為中國參與經濟全球化的實驗場

中國沿邊省區一直是交通不便的發展死角，沿邊省區與沿海省區相比，外貿額占GDP的比例非常小，甚至大大低於全國平均水準，與其沿邊的區位優勢很不相稱。與周邊國家積極開展次區域經濟合作使沿邊地區成為改革開放的前沿，有助於推動中國的進一步對外開放，並縮小中國區域經濟發展不平衡的現實，因此要推動沿邊地區成為開放前沿。

此外，就風險管控而言，次區域經濟合作僅限於沿邊沿江地區，合作範圍有限，合作的正面效益可以迅速擴散，負面效應卻可以限制在較小的範圍內，成為中國逐步參與經濟全球化的實驗場（李鐵立，2005：198）。

第三節　中國大陸跨境次區域合作的規劃

一、中國參與跨境次區域合作的條件

現階段中國大陸發展跨境次區域經濟合作的客觀條件與基本形勢，分析如下：

1. 次區域經濟合作可以促進相鄰國家的友好關係，而周邊友好關係也是次區域經濟發展的必要條件。中共十六大以後採取對周邊國家溫和的「睦鄰、安鄰、富鄰」外交政策，與中國相鄰的14個國家，這些國家部分出於志願，或透過

國際組織牽頭，分別與中國沿邊地區展開多樣的雙邊或多邊經濟合作，在這些次區域經濟合作基礎上，不斷增加相互瞭解與信任，是次區域合作能從經濟領域擴散到政治、安全、社會與文化領域合作。

2.中國周邊鄰國多且周邊各國差異大。中國邊境線與海岸線漫長，周邊國家眾多，使中國大陸具有發展各種形式次區域經濟合作的優越區位條件。又因這些周邊鄰國各自的經濟條件與發展程度差異很大，形成中國大陸與鄰國之間，推動各種的次區域合作、跨境合作，有絕佳的互補性與區位優勢。

3.中國大陸與周邊國家或地區大都文化相通，關係密切。中國大陸有眾多的跨境而居的少數民族，與周邊國家或周邊地區大都血緣相連、文化相近、語言相通，優越的文化條件減少了合作的文化價值障礙，也大大降低經濟合作的交易成本。

二、中國大陸跨邊境次區域經濟合作的發展現狀

目前中國大陸主要的跨邊境次區域經濟合作區主要分佈如圖五，依成立時間先後順序，依序為：

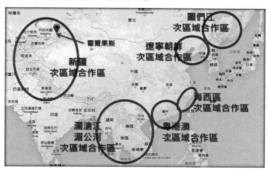

圖【3-3-1】：現階段中國大陸與周邊國家地區發展次區域合作概念圖
作者自行繪製

1.大湄公河次區域經濟合作

參與國家包括緬甸、寮國、柬埔寨、泰國、越南與中國等，中國主要參與以雲南省與廣西省為主，自1992年亞洲開發銀行在馬尼拉舉行大湄公河次區域六國首次部長會議，正式啟動大湄公河次區域經濟合作（Greater Mekong Sub-region, GMS），至今已超過20年，成為亞洲區域經濟合作機制與「南南合作」的範例。

GMS是以項目為主導的次區域合作機制，根據中國大陸方面的統計，自1992年到2010年底，GMS次區域成員國分別在交通、能源、電信、環境、農業、人力資源開發、旅遊、貿易便利化與投資等九大領域，開展了227個合作項目，其中投資項目55個，投資總額138億美元，由亞洲開發銀行提出貸款50億美金、GMS國家政府配套出資43億美金，聯合融資45億美金，主要用於支持基礎建設；技術援助項目172個，贈款金額2億美金，主要用來相關成員國培訓相關研究人才。[7]

2.新疆跨邊界次區域經濟合作

參與合作國家主要是中亞五國－有哈薩克、吉爾吉斯、塔吉克、烏茲別克、土庫曼，中國以新疆為參與主體。自1992年開始透過聯合國相關組織、「上海合作組織」等國際組織的牽頭運作，新疆次區域經濟合作主要是向西開放的戰略，主要合作夥伴以中亞國家為主，目前新疆與中亞次區域經濟合作主要以「上海合作組織」發展框架為主。根據2013年「中國－亞歐博覽會」新疆自治區商務廳官員介紹，2012年新疆對外貿易達到250億美金，其中70%以上主要與中亞五國進行的，這其中哈薩克佔一

---

[7] 請參閱《中國參與大湄公河次區域經濟合作國家報告》，北京新華社，2011年12月6日電。參見網站http://www.gov.cn/jrzg/2011-12/17/content_2022602.htm。

半，其次是吉爾吉斯、塔吉克。[8]新疆與中亞各國經濟合作關係出現明顯的地緣關係，新疆的霍爾果斯經濟開發區作為對西開放的窗口，經濟發展迅速，已成為新疆重要的「增長級」。

新疆對於中亞各國的相對優勢明顯，新疆有著較為完整的工業體系和農業種植技術，相對中亞各國主要以資源出口為經濟發展的主要推動力，新疆與中亞國家高度互補性，是發展次區域經濟合作基礎所在，目前次區域合作也已推展到能源合作與反恐合作等項目上。

3.圖們江跨國自由貿易區

1991年聯合國開發計畫署（UNDP）提出多國聯合開發圖門江流域的建議，擬在20年內籌資300億美元，在該區建設一個有國際水準的集港口、機場、鐵路為一體的交通樞紐、以及商貿和金融中心，引起東北亞各國矚目。剛開始參與國家有中國、俄羅斯、北韓等國家，中國以吉林省為參與主體，後來陸續加入蒙古、韓國，1995年12月中、俄、蒙、朝、韓五國在聯合國總部簽署「關於建立圖們江經濟開發區及東北亞開發協調委員會的協定」、「圖們江地區經濟開發區及東北亞環境諒解備忘錄」，中、俄、韓三國簽署「關於建立圖們江地區開發協調委員會的協定」，目前圖們江貿易區國際合作開發主要參與國家與地區是，中國東北三省和內蒙古地區、北韓的羅先地區、俄羅斯邊海邊疆區、韓國的東海岸港口城市群，以及蒙古國的東部三省區。

然而圖們江地區跨邊境次區域合作並非一帆風順，主因是交易成本遠遠高於各國的預期，使各國參與程度與熱情就起伏不

---

8 〈新疆正成為中亞財富交匯點〉，環球時報，2013年9月1日，請參考「中國－亞歐博覽會」系列新聞報導，網址http://www.caeexpo.org/new2013/56197.jhtml。

定。2011年開始，中國次區域經濟合作的主體吉林省開始加強與圖們江周邊各國的經濟合作，包括建議成立跨邊境經濟合作區，並規劃圖們江自由貿易區等等，企圖再燃起圖們江地區新一輪的次區域經濟合作發展熱情。

4.中國與北韓次區域經濟合作

鑑於圖們江多邊合作形式進展不易，有中國大陸的學者認為，東北亞地區區域合作的初始模式應以雙邊合作形式為主（李玉潭、陳志恆，2003），在圖們江次區域經濟合作進展緩慢，以中國遼寧省為參與主體的「中國遼寧與北韓次區域經濟合作」被提出來，中朝合作同時也涉及雙方的國家安全與經濟利益。2002年北韓指定與中國遼寧省僅一江之隔的新義州為特別行政區，並頒佈特別行政區基本法，北韓明顯希望全國第四大城實施對外開放政策的實驗區。

目前中國遼寧與北韓新義州的次區域經濟合作尚處於以貿易為主的低層次合作，但雙方存在極大的合作潛力。對北韓而言，經濟增長緩慢，國內有相當嚴重糧食、能源短缺的問題，近期美、日等國以北韓發展核武問題，實施經濟制裁，惡化了經濟形勢，因此北韓渴望與周邊國家（尤其是中國）經濟交往與合作，以便獲得足夠的資金、技術與各項資源，發展經濟所需。遼寧地區對中國而言，一直是中國的老工業基地，具有較強的工業基礎與加工技術，近年來透過國企改革，在石化、裝備製造業、農業、服務業較北韓有優勢，而北韓則在金屬礦藏資源儲量豐富，雙方合作空間很大。在國際政治方面，北韓新領導人金正恩上台不久，基礎不穩，面對美日聯手施壓，也急需獲得北京的支持，亦將提高並強化雙方各項合作關係。

5.粵港澳次區域經濟合作

以香港澳門和廣東為核心的次區域經濟合作，根據熟知內情

的中國大陸學者表示，[9]中國大陸廣東與港澳的次區域經濟合作的發展有下列層次：

（1）CEPA層次，香港與整個中國大陸內地31個省市的整合。

（2）「九十二」層次：於2004年泛珠三角區域經濟合作，鄰近香港、澳門的福建、江西、湖南、廣東、廣西、海南、四川、貴州、雲南等九個省市之間的經濟發展協作，為曾擔任廣東省委書記、現任中共政治局常委張德江所積極倡導，已舉行八屆，由各省輪流主辦，為落實區域合作計畫與區域發展合作的論壇。

（3）2008年底國務院通過《珠江三角洲地區改革發展規劃綱要（2008-2020）年》，由國務院發改委通過，可再分成三個大中小三層次，主要在珠江三角洲與港澳間次區域合作發展，「大珠三角」層次範圍包括廣東、廣西、福建與港澳的合作規劃，「中珠三角」層次範圍主要指廣東省全境與港澳的合作規劃，「小珠三角」指的是廣州、深圳、珠海、佛山、江門、東莞、中山、惠州、肇慶等九個主要城市與港澳的合作規劃。

（4）2010年廣東省與香港簽署「粵港合作框架」，2011年廣東省與澳門簽署「粵澳合作框架」，由中央國務院牽頭的粵港澳三地經濟合作協議。

（5）深港一體化，即深圳與香港同城化建設，如深圳拆除深圳經濟特區管理線（二線關），促使深港一體化加快發展。

（6）2010年8月國務院批准「前海」特區─推出「前海深港現代服務業合作區」規劃，作為深港合作先導區、

---

[9] 本書作者曾赴北京與次區域規劃相關學者、官員訪談歸納。

體制機制創新區、現代服務業聚集區和結構調整引領區，在六個層次中，前海的開放條件最為優惠。

6.海西區對台的次區域合作

主要是針對台灣的次區域經濟合作，主要以中國大陸「海峽西岸經濟區」為主。中國大陸對台灣的區域整合的層次，可概括如下[10]：

（1）兩岸經濟合作架構協議ECFA層次，2010年兩岸簽署經濟合作架構協議ECFA，這是中國大陸全局性對台的整合。例如2013年博鰲論壇，習近平提到「積極促進在投資和經濟合作領域加快給予台灣企業與大陸企業同等待遇」，暗示著北京將規劃未來台商將享受大陸企業的國民待遇，未來台商就不是按照外資規範，而是按內資來管理。

（2）「海西區」層次，2009年中共國務院公布「關於支援福建省加快建設海西經濟區的若干意見」，規劃以福建為主周邊省分為輔的海西區，包括海西區城市群共有20個，其中廈門、平潭是主要的兩個抓手，其中廈門若視為大廈門，範圍將包括廈漳泉三市。

（3）「平潭綜合實驗區」，是「海西區」的主要招牌之一，結合中央與海西區資源全力打造，除了經濟開放合作之外，還賦予「平潭綜合實驗區」社會管理創新機制，發揮與台灣社會層面合作，共創兩岸共同家園，以強化對台吸引力。

上述綜合整理中國大陸與周邊國家跨邊境次區域經濟合作的六個主要案例，本書主題在於比較「海西區」與「粵港澳」次區

---

[10] 本書作者曾赴北京與次區域規劃相關學者、官員訪談歸納。

域合作的制度成效（詳見第六章），因此本文分析個案將以「粵港澳次區域經濟合作」（詳見第四章）與「海西區對台的次區域合作」（詳見第五章）為主，至於中國與其他周邊國家的次區域案例因非本文主要研究課題，僅在此簡要敘明。

三、次區域合作的主體與平台

1.次區域合作的主體

綜觀中國大陸與周邊國家跨邊境次區域經濟合作的經驗，可分析出有中央政府、地方政府、國際組織（或超國家組織）與企業等四項合作結構主體，分別扮演不同的角色與功能，必須加以思考（馬博，2010：117-118；王元偉，2011：4）。

（1）**中央政府是授權單位**：跨邊境的合作往往涉及國家主權、外交事務與邊境管理，合作初始階段往往需要由中央政府出面主導與授權，這是次區域合作的必要條件，各國中央政府態度決定著跨邊境次區域合作區的前景與內容。甚至兩岸關係互動，若要進一步推動「金廈合作」往次區域經濟合作深化，也必須透過北京、台北在金廈「跨境經濟合作區」達成共識才有可能，就連廈門對金門供水也需要透過兩岸兩會高層協商達成共識後，才能水到渠成。

（2）**地方政府是經濟合作主要的利益代表**：要在中央授權下，次區域合作主體大都是地方政府主導，一方面基於地緣與經濟發展的角度，另方面是國家大小比例差異所致，次區域合作的發動者與倡議者往往是地方政府，地方政府也往往是真正的主要利益代表。以中國加入大湄公河次區域發展而言，代表簽約與授權皆來

自北京中央政府，但真正處理次區域合作的實際運作的卻是廣西與雲南等地方政府，負責參與越南、緬甸、寮國、柬埔寨與泰國的經常性的對話或工作小組。

（3）**國際組織（超國家組織）可以扮演區域合作的倡導者：**例如聯合國開發計畫署（UNDP）與亞洲開發銀行（ADB）積極介入並協調各國推進「大湄公河開發計畫」、「圖們江地區次區域經濟合作」、「新－柔－廖」成長三角等各項進度，而「上海合作組織」則對於推動「新疆與中亞各國的次區域經濟合作」扮演關鍵性角色。

（4）**企業是次區域經濟合作的主要建設力量：**跨邊界次區域經濟合作最重要、最活躍的經濟行為體是企業。在推動次區域經濟合作時主要在吸引企業主動且積極投入，鼓勵並吸引更多企業加入，企業投入程度往往是次區域經濟合作的成敗關鍵。

2.次區域合作的四種合作平台與協調機制

深化次區域合作平台有四種可能：一是雙方由官方（地方或更高層級）推動合作；二是雙方由半官方（官方授權機構，如政府主導的基金會組織等，如兩岸海基海協兩會）；三是一方是官方機構與另一方為民間組織；四是雙方都是民間組織。在次區域經濟合作發展過程中，制度變遷和組織結構的變化息息相關，其合作平台的演變與發展路徑，大致可分「政府主導型」、「企業主導型」，以及「政府、企業、民間正式與非正式共同推動」等三個不同類型，但三種類型沒有先後關係，不同的次區域經濟合作，往往搭配著各種不同的合作平台，並無固定模式。

（照片摘自「霍爾果斯口岸」，中國《游景網》，
網址：http://www.yoojing.com/sceneinfo.aspx?id=9489，2014年7月9日上網）

中國新疆與中亞五國次區域合作，在「上海合作組織」的基礎上，發展迅
速，圖為新疆與哈薩克的次區域跨境經濟合作中心－霍爾果斯，成為中國
進入中亞的重要門戶。

Chapter 4　現階段「粵港澳合作框架」
第四章　運作模式分析緒論

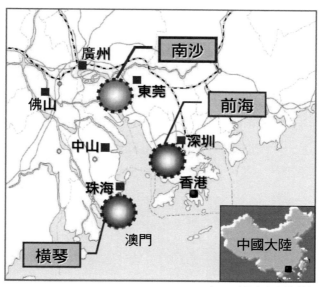

（作者自行繪製）

現階段中國大陸推動粵港澳次區域合作的三個重要增長級－前海（對接香港）、橫琴（對接澳門）、南沙（對接香港與澳門）。

1984年中英聯合聲明確認香港將於十三年後回歸中國，北京加速對香港就透過「經濟吸納政治」統戰，除強化深圳、珠海等經濟特區對香港與澳門貿易投資與產業分工的跨境合作，為平穩接收香港、澳門主權轉移創造有利條件。1997年以前，無論中港兩地的貿易、投資與產業依存都已呈現高度互賴狀態，而中港經濟高度且緊密的一體化關係，是促使香港主權得以平穩順利轉移的關鍵條件。

　　回歸後中國大陸與香港、澳門在「一國兩制」運作下，雙方次區域合作發展更形緊密化，2000年受全球化與區域整合的趨勢下，以及2003年香港經濟深受SARS疫情衝擊，中國與香港簽署「更緊密經貿安排」CEPA，而且往後平均每年都簽署一份補充協議，至今共簽署第十份補充協議。中國大陸與港澳如何進一步跨境融合成為中國華南最耀眼的「成長三角」發展案例。本章從次區域合作的角度出發，分析廣東省與香港、澳門次區域合作的「粵港澳合作框架」運作模式，並說明現階段粵港澳次區域合作的成果與挑戰。

第一節　粵港澳合作框架的運作模式

一、中國大陸對港澳經濟整合的六層次規劃

　　中國大陸對香港經濟對接模式，目前五項具有六項不同層次、不同梯次的經濟對接模式。中國大陸內地與香港次區域合作，主要可分成下列層次（如圖【4-1-1】）：

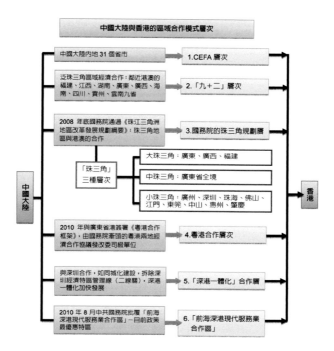

圖【4-1-1】：中國大陸與香港的區域合作層次

資料來源：作者自行製表

1.CEPA層次，香港與整個中國大陸內地31個省市的整合。2003年中國大陸與香港簽署「內地與香港緊密的經濟夥伴關係安排」，截至目前已簽署了11個補充協議。

2.「九＋二」層次：於2004年泛珠三角區域經濟合作，鄰近香港、澳門「兩個」特區與福建、江西、湖南、廣東、廣西、海南、四川、貴州、雲南等「九個」省市之間的經濟發展協作，由現任中共政治局常委張德江所積極倡導，已舉行八屆，各省輪流做東。

3.2008年底中共國務院通過《珠江三角洲地區改革發展規劃綱要（2008-2020）年》，可再分成三個大中小三層次，主要在珠江三角洲與港澳間區域合作發展，「大珠三角」層次範圍包括廣東、廣西、福建、港澳，「中珠三角」層次範圍主要指廣東省全境，「小珠三角」指的是廣州、深圳、珠海、佛山、江門、東莞、中山、惠州、肇慶等九個主要城市。

4.2010年廣東省與香港簽署「粵港合作框架」、2011年廣東省與澳門簽署「粵澳合作框架」，[11]由中共中央國務院牽頭的粵港澳三地，分別簽署經濟合作協議。

5.深港一體化，如同城化建設，深圳是拆除深圳經濟特區管理線（二線關），深港一體化加快發展。

6.2010年8月國務院核准前海特區——「前海深港現代服務業合作區」作為深港合作先導區、體制機制創新區、現代服務業聚集區、以及結構調整引領區等。在六個層次中，前海特區開放條件最為優惠。2012年中共國務院通過設立「廣州南沙新區發展規劃」[12]，作為進一步深化粵港澳合作新的增長極。

依據中國大陸對接香港的運作模式，有學者認為CEPA或深港同城化措施促使香港與中國內地在「兩制」架構向「一國」鬆動的制度安排（李媛媛、馮邦彥，2007：57），也就是透過各種次區域合作規劃企圖打破粵港行政區域劃分，目前香港與中國大

---

[11] 2011年在北京中央主持下廣東省與澳門簽署「粵澳合作框架」，主要落實2003年的《內地與澳門關於建立更緊密經貿關係安排》及其補充協議、2008年《珠江三角洲地區改革發展規劃綱要（2008-2020年）》、2009年《橫琴總體發展規劃》等規劃方案。
[12] 南沙新區定位為粵港澳全面合作示範區，規劃面積803平方公里，較前海特區（對接香港）、橫琴特區（對接澳門）面積更大。

陸各種區域或次區域經濟制度合作，都在為未來經濟進一步融合進行的制度鋪墊，而經濟整合對中國內地與港澳地區未來進一步社會融合，建構政治統合的必要基礎。

二、中港簽署CEPA的背景與中國對香港戰略構想

1.中港簽署CEPA的背景

擁有700萬人口，2012年每人平均所得超過五萬美元（PPP計算方式）的香港，在香港英政府奉行自由經濟政策之下，在一個地狹人稠、天然資源缺乏的地方，能發展到今日世界矚目的「東方之珠」。追溯香港自由開放經濟發展歷程，不得不令人信服「危機就是轉機」、「至於死地而後生」這些話。九七後，中國大陸因素加入之後，香港再次面臨歷史性的重要轉折點，而中港簽署CEPA可說是香港經濟轉型起點。

香港與中國大陸更緊密經貿安排（CEPA）構想，是由香港總商會所提出，2000年總商會發表《中國大陸加入世貿及其對香港商界的影響》報告，其中提及中國與香港推動「自由貿易協議」之建議，總商會向前香港特區行政長官董建華建議上述報告。董建華便向北京中央提出此構想，主要目的是希望中國加入WTO之後，在有關對外開放市場的承諾未正式實行之前，香港能搶先和中國簽署一些類似自由貿易的協議，以取得建立更緊密經濟關係的先機，藉此來挽救處於低迷的香港經濟。2001年12月11日中國正式加入WTO後，2002年元月香港與中國的CEPA磋商才正式展開，但初期進展緩慢。主要原因是中國內部有許多不同的看法，包括中國給予香港的優惠是否對中國其他省市形成不公平待遇，以及會不會損害大陸整體國家利益等等，因中國內部意見不易整合，因此2002年未見進展。

直至2003年春季中國與香港兩地先後發生SARS危機後，香港的經濟發展及政治氣氛陰霾密佈。有鑑於此，中北京決定以推動CEPA來協助香港解決政經危機，中港CEPA協商才全面火速進行。

2003年當時中國總理溫家寶到香港出席CEPA的簽署儀式，簽署了CEPA的主體內容與相關實施細節的附件，於2004年1月1日起正式實施。藉由CEPA的簽署，中國內地對香港的貨品貿易、服務貿易都較中國加入WTO承諾提早一步開放市場，其重要戰略目標，除了協助香港經濟發展並維持社會穩定外，主要目的是希望透過開放自身之商品與服務市場，與香港有更緊密之經濟連結關係，以達到落實「一國兩制」，逐步朝向深化主權融合之戰略目標。

2.中國對香港CEPA的戰略規劃

中國以透過自由化措施與內地市場的開放的CEPA模式優惠於香港，在戰略目標考量之中，最主要是實踐「一國兩制」、深化主權融合之目的。其次，中國透過CEPA開放試點給珠三角、廣東省，希望實現新的粵港澳合作關係，形成資源共享、利益一致的共同體，即「大特區」次區域經濟整合。香港與中國大陸簽署「內地與香港更緊密經貿關係安排」（CEPA）後，立即於2004年6月3日簽署《泛珠三角區域合作框架協議》（「9+2」），並表明其主要宗旨要在與香港CEPA框架內進行合作。

從粵港次區域合作經驗，中國大陸透過CEPA對香港產業的開放過程中，如果有涉及特定地區之特別待遇部分，均一定會優先包含廣東省，其中有些甚至僅獨厚於廣東省，亦即，地區特殊優惠部份乃CEPA協議之重要特色，粵港運作模式在後來海西區與台經濟對接的過程中也有類似的情形，選擇海西區（福建地

區）作為ECFA服貿協議的市場准入的特殊優惠地區。[13]

三、泛珠三角與香港的經濟合作

1.中國與香港CEPA的合作進程

　　CEPA雖無FTA之名，但有FTA之實，係屬一種中央政府與特別行政區之間的經貿安排。沒有使用FTA之稱謂，主要是為了與一般FTA區隔，展現同一主權國家內部條款的特殊性。並且，中國官方明確對外表示，在所有已經簽署與正在談判的FTA中，大陸與香港特別行政區政府所簽署的CEPA協議，是自由化程度最高的FTA。

　　事實上CEPA的簽署，更是「一國兩制」方針在經貿領域的實踐，從此成為中國與香港經貿史上的里程碑。自2003年6月簽訂CEPA初始協議，迄2013年9月以「循序漸進」模式，中國與香港已簽署十一份協議（初始協議、十份補充協議，如表【4-1-1】所示），簡稱為CEPA-1至CEPA-10。中國為了深化與香港的經濟合作，讓CEPA作為一開放性的制度性安排和戰略措施，也因為預期對中港兩地經濟和社會的影響將隨著自由化過程的不斷推進而逐步顯現，並不是短時期內能夠看到明顯變化，關鍵在於長期實施的作用，因此，中國官方強調CEPA政策的落實，將隨著兩地合作關係的拓展，不斷增加和發展新的協議內容。自2003年簽署CEPA累計2013年9月底至今，中方已提出403項服務貿易開放措施，不斷提高CEPA開放程度拓寬服務提供方式，以及增加廣東先行先試內容。

---

[13] 在兩岸服貿協議中，有13條文是針對福建省所設計的特別優惠地區。大陸明顯是要強化台灣與福建的對接關係。

根據香港特區政府顧問曾俊華表示，CEPA簽署10年已有逾523億港幣的港產貨品以零關稅進入大陸，節省關稅已超過36億元人民幣，特區政府發出2700多份「香港服務提供者證書」，使香港服務業者以CEPA優惠條件進入大陸市場，幫助香港經濟在全球經濟危急中逆水行舟。2013年香港與中國簽署CEPA第十個補充協議時，中國商務部副部長高燕指出，未來工作是在「十二五」末期，通過CEPA達到大陸對香港基本實現服務貿易自由化的目標。

表【4-1-1】：中國與香港CEPA協議簽訂時間表

日期	文件	附件
簽訂日期： 2003年6月29日及 2003年9月29日 執行日期： 2004年1月1日	中國大陸與香港關於建立更緊密經貿關係的安排[14]	附件1：關於貨物貿易零關稅的實施 附件2：關於貨物貿易的原產地規則 附件3：關於原產地證書的簽發和核查程序 附件4：關於開放服務貿易領域的具體承諾 附件5：關於「服務提供者」定義和相關規定 附件6：關於貿易投資便利化
簽訂日期： 2004年10月27日 執行日期： 2005年1月1日	《中國大陸與香港關於建立更緊密經貿關係的安排》補充協議	附件1：第二批中國大陸對原產香港的進口貨物實行零關稅的產品清單 附件2：第二批享受貨物貿易優惠措施的香港貨物原產地標準表 附件3：中國大陸向香港開放服務貿易的具體承諾的補充和修正

---

[14] 由WTO官方網站得知，中國與香港簽訂CEPA協議正文，並於2003年12月27日向WTO通報。之後，CEPA每次補充協議即可在WTO官方網站的RTA文件中找到相關資料。

簽訂日期： 2005年10月18日 執行日期： 2006年1月1日	《中國大陸與香港關於建立更緊密經貿關係的安排》補充協議二	附件1：2006 年享受貨物貿易優惠 措施的香港貨物原產地標準 表（一） 附件2：中國大陸向香港開放服務貿 易的具體承諾的補充和修正 二
簽訂日期： 2006年6月27日 執行日期： 2007年1月1日	《中國大陸與香港關於建立更緊密經貿關係的安排》補充協議三	附件：中國大陸向香港開放服務貿 易的具體承諾的補充和修正 三
	關於2006年上半年《中國大陸與香港關於建立更緊密經貿關係的安排》項下零關稅貨物原產地標準的確認書	附件：2006年上半年香港享受零關 稅貨物原產地標準表
簽訂日期： 2007年6月29日 執行日期： 2008年1月1日	《中國大陸與香港關於建立更緊密經貿關係的安排》補充協議四	中國大陸向香港開放服務貿易的具 體承諾的補充和修正四
簽訂日期： 2008年7月29日 執行日期： 2009年1月1日	《中國大陸與香港關於建立更緊密經貿關係的安排》補充協議五	中國大陸向香港開放服務貿易的具 體承諾的補充和修正五
簽訂日期： 2009年5月9日 執行日期： 2009年10月1日	《中國大陸與香港關於建立更緊密經貿關係的安排》補充協議六	中國大陸向香港開放服務貿易的具 體承諾的補充和修正六
簽訂日期： 2010年5月27日 執行日期： 2011年1月1日	《中國大陸與香港關於建立更緊密經貿關係的安排》補充協議七	中國大陸向香港開放服務貿易的具 體承諾的補充和修正七

簽訂日期： 2011年12月13日 執行日期： 2012年4月1日	《中國大陸與香港關於建立更緊密經貿關係的安排》補充協議八	中國大陸向香港開放服務貿易的具體承諾的補充和修正八
簽訂日期： 2012年6月29日 執行日期： 2013年1月1日	《中國大陸與香港關於建立更緊密經貿關係的安排》補充協議九	中國大陸向香港開放服務貿易的具體承諾的補充和修正九
簽約日期： 2013年8月29日 執行日期： 2014年1月1日	《中國大陸與香港關於建立更緊密經貿關係的安排》補充協議十	中國大陸向香港開放服務貿易的具體承諾的補充和修正十

資料來源：本研究整理。
作者自行製表

2.泛珠三角與香港的區域合作

2004年6月3日「9＋2」省（區）政府在廣州簽署《泛珠三角區域合作框架協議》，協議全文有八條，其中重點有六條如下：第一條合作宗旨：在《內地與香港關於建立更緊密經貿關係的安排》和《內地與澳門關於建立更緊密經貿關係的安排》框架內合作進行；第二條合作原則：自願參與、市場主導、開放公平、優勢互補、互利共贏；第四條合作領域：基礎設施（能源、交通、道路）、產業與投資、商務與貿易、旅遊、農業、勞務、科教文化、資訊化建設、環境保護、衛生防疫；第五條合作機制：建立內地省長、自治區主席和港澳行政首長聯席會議制度、建立港澳相應人員參加的政府秘書長協調制度、建立部門銜接落實制度；第六條論壇安排：各方認為「泛珠三角區域合作與發展論壇」是推動區域合作的重要平台，按照「聯合主辦、輪流承辦」的方式舉辦，該論壇原則上每年舉辦一次。

為了把國際金融危機帶來的不利影響降到最低，並加速推動珠三角發展改革，2009年1月中國國務院通過《珠三角地區改革發展規劃綱要》（2008-2020年），從國家戰略層面認可與肯定泛珠三角區域的合作，並將其納入區域經濟協調發展總體戰略。該綱要的規劃範圍，是以廣東省的廣州、深圳、珠海、佛山、江門、東莞、中山、惠州和肇慶市為主體，輻射泛珠江三角洲區域，並將與港澳CEPA緊密合作的相關內容納入規劃，規劃期至2020年。

　　其戰略定位，乃以「深化改革先行區」的概念，形成以珠江三角洲為中心的資源互補、產業關聯、梯度發展的多層次產業圈，建設成為帶動環珠江三角洲和泛珠江三角洲區域發展的龍頭，並推進與港澳CEPA緊密合作、融合發展，打造具活力和國際競爭力的城市群。其目標是，到2020年率先基本實現現代化，形成以現代服務業和先進製造業為主的產業結構，形成粵港澳三地分工合作、優勢互補、全球最具核心競爭力的大都市圈之一。

　　於是，大力推進珠江三角洲地區內的交通基礎設施建設，目的是要形成與港澳及環珠江三角洲地區緊密相連的一體化綜合交通運輸體系。同時，加強珠江三角洲民航機場與港澳機場的合作，並推進整合珠江口港口資源，完善廣州、深圳、珠海港的現代化功能，形成與香港港口分工明確、優勢互補、共同發展的珠江三角洲港口群體，使珠江三角洲地區成為亞太地區高效率的客流和物流中心。重點交通建設之中，港珠澳大橋之建設最令外界矚目。

　　由於香港、澳門與大陸之間的運輸通道，特別是香港與廣東省珠江三角洲東岸地區的陸路運輸通道建設具明顯進展，但是香港與珠江西岸的交通聯繫卻一直較為薄弱。1997年亞洲金融危機後，香港特區政府為振興香港經濟，尋找新的經濟增長點，認為有必要儘快建設連接香港、澳門和珠海的跨海陸路通道，以充分

發揮香港、澳門的優勢，並於2002年首度向中國中央政府提出修建港珠澳大橋的建議。歷經溝通協調，2009年12月15日港珠澳大橋工程正式啟動，其為連接香港大嶼山、澳門半島和廣東省珠海市之工程，預計於2016年竣工。大橋全長接近50公里，主體工程全長約35公里，包含離岸人工島及海底隧道。

外界預估，港珠澳大橋若建成，將會大幅度地縮減穿越三地的交通時間，未來由香港往來珠海及澳門只需幾十分鐘，較現時繞道虎門大橋可以大幅度地縮減逾3小時。屆時香港四大支柱行業（金融業、貿易物流業、工商專業及支援業、旅遊業），將可擴展市場至珠三角西部地區；此區域經濟也會影響廣西、海南、雲南、貴州及四川等省份。預計大橋建成後，對香港和廣東所帶來的正面效益，包括：方便香港至經營成本較低的珠江西岸投資，亦對香港日益衰退的貨運業帶來商機，以及可平衡廣東省珠三角東西兩岸之發展等。

3.中港澳CEPA與泛珠合作的挑戰與困境

中國大陸與港澳合作框架，包括在CEPA與泛珠架構，目前仍存在的挑戰與困境如下，

（1）邊境屏蔽效應仍明顯提高交易成本。依據學者研究（李媛媛、羅超雲，2012：39-42），由於在「一國兩制」的框架下，香港是獨立的關稅區，與其經濟腹地——特別是廣東珠三角地區之間存在著政治、經濟與關稅邊界的阻隔，彼此之間是不同的市場，存在著進入的門檻，因此降低兩地經濟協調的效率，提高了交易成本。

（2）制度障礙妨礙合作。但在CEPA與「泛珠」合作之間，同時亦存在「制度框架」與「具體行業（基礎設施建設發展滯後）」的障礙。在制度框架障礙方面，由於

香港、澳門與中國內地為三個獨立的關稅區，存在各種關稅與非關稅壁壘；有港幣、澳元、人民幣三種獨立流通的貨幣體系，有三套獨立的司法體系。且香港是高度國際化市場，堪稱是全世界最自由的經濟體系；而中國內地的各省市，部分地區仍屬施行轉軌中的計劃經濟，且分別處於東、中、西部地區，實行政策不同，保護主義高，彼此存在開放度和政策的高度差異。因此使得港澳的經濟輻射作用主要限制在珠三角的地理範圍之內，難以輻射到廣東省以外。

（3）基礎設施建設發展落差仍大。除了交通基礎設施的不便，造成珠江口東西岸的經濟落差外；港澳與中國內地同屬一個國家，但通訊網絡並不統一，通話時收取的是昂貴的國際長途話費，因此也在一定程度上限制了商業資訊的流動。因此，未來要推進CEPA與「泛珠」合作進一步發展，應從消除一體化障礙，在生產要素市場與商品服務市場提高要素流通速度著手。並建立統一指揮平台，協調各地政府的利益，透過在協調機制上落實CEPA協議，推進「泛珠」制度之各項建設。

第二節　前海、橫琴與南沙等實驗區的規劃與佈局

次區域經濟合作要有具體的合作成效，往往藉由「增長極」的規劃，加速輻射周邊城市，亦即合作方透過核心合作區，成為

合作的示範區後，再向其他地區推廣。中國大陸與港澳的各種合作框架與平台，作為新的增長極與示範區，主要規劃有前海特區（深圳對香港）、橫琴特區（珠海對澳門）、南沙特區（廣州對港澳）等三個主要的增長極實驗區的規劃與定位。

因此，檢視珠三角對港澳的次區域經濟合作實施成效，可以用現階段珠三角對港澳之間新的增長極的規劃發展與實施進度來加以評估，而這一時期的經濟合作與過去「前店後廠」分工有很大的差異，這顯示新時期粵港澳經濟對接與整合出現了質與結構的轉變。

一、透過核心合作區加速輻射周邊城市

前海、橫琴、南沙屬於中國十二五計畫期間，粵港澳區域合作發展的三大示範區，在規劃專欄中提出：要將深圳前海打造成粵港現代服務業創新合作示範區，前海定位為現代服務業；珠海橫琴則要逐步建成為粵澳合作新模式的示範區、深化改革開放與科技創新的先行區，定位於高新技術、文教、旅遊與適當服務業；廣州南沙則要打造服務內地、連接港澳的商業服務中心科技創新中心與教育培訓基地，定位於CEPA先行先試的試驗區。

前海、橫琴、南沙被選作粵港澳區域合作的示範區或成為未來珠三角發展新的「增長極」，以便帶動周邊城市群的發展。

二、前海、橫琴、南沙三特區的規劃

1.前海特區的規劃與發展

前海特區，全名「前海深港現代服務業合作區」。位於深圳市西部蛇口半島的西側，珠江口東岸，鄰近香港、澳門，佔地面積14.92平方公里。

前海在上世紀以前都是做為深圳市發展的備用地，並沒有給予清楚的定位。一直到2008年以後，在總結深圳特區成立30週年的歷史經驗，才陸續作出開發建設前海的重大戰略決策。前海特區相關重要的政策包括：

2008年年底國務院批准「珠江三角洲地區改革發展規劃綱要（2008-2020年）」，提出把前海規劃建設成深港現代服務業合作的重要空間載體。

2009年8月深圳明確提出建設「前海深港合作共建現代服務業的示範區」，把前海規劃定位為深港合作先導區、體制機制創新區、現代服務集聚區、結構調整引領區。

2010年4月廣東省與香港特區簽署了「粵港合作框架協議」，前海合作區的發展與規劃被提到國家層面。

2010年8月中共國務院正式批覆了「前海深港現代服務業合作區總體發展規劃」，明確提出要把前海建設成粵港現代服務業創新合作示範區，成為中國現代服務業的重要基地和具有強大輻射能力的生產性服務業中心，引領帶動中國現代服務業的產業升級，積極探索現代服務業發展的體制機制，為全國現代服務業提供新經驗。

2011年3月正式將深圳前海開發納入「十二五」規劃綱要，要加快城市各項基礎建設，到2020年建設成亞太地區重要的生產性服務業中心，把前海打造成粵港現代服務業創新合作示範區。

2012年6月中共國務院批覆「關於支持深圳前海深港現代服務業合作區開發開放有關政策」，支持深圳前海深港現代服務業合作區實行比經濟特區更加特殊的先行先試政策，打造現代服務體制機制創新區、現代服務業發展集聚區、香港與內地緊密合作的先導區、珠三角地區產業升級的引領區。

從上述在政策規劃的出台，前海特區扮演著下列幾項功能。

第一、作為深圳特區未來發展的新增長極。深圳經過30年發展，其特區優勢已越來越不明顯，使深圳發展出現瓶頸，需要「前海」作為新的增長點。

第二、作為粵港現代服務業合作的示範區。利用前海粵港合作平台，充分發揮香港國際經濟中心的優勢和作用，推進與香港的緊密合作與融合發展，在全面推進香港與中國大陸內地服務業合作中發揮先導作用。

第三、作為「一國兩制」框架下，作為探索中國大陸與香港的融合發展的新途徑。在中國與香港經濟對接各項方案，包括中國內地與香港推動「關於建立更緊密經貿關係的安排」（CEPA）、泛珠合作框架「珠江三角洲地區改革開放發展規劃綱要（2008-2020年）」、「粵港合作框架協議」等，進一步推動深港合作具體方案——「前海深港現代服務業合作區總體發展規劃」，不斷探索並加速香港與中國內地制度融合對接的新模式。

2.橫琴特區的規劃與發展：

橫琴島位於中國廣東省珠海市南部，珠江口西側，緊鄰澳門，面積106平方公里，是澳門面積三倍大，因長期處於海陸分隔封閉狀態，各項經濟指標嚴重落後於澳門、珠海。

進入21世紀後，澳門輿論熱衷探討將橫琴納入澳門的管轄範圍，2004年提出「九加二」論壇提出泛珠三角經濟合作區構想，試圖將橫琴建設為國際性、綜合性、開放性的綜合度假區，成為澳門優勢產業延伸的腹地，自此珠（珠海）澳合作提升為粵澳合作，2005年粵澳合作聯席會議決議要以「泛珠合作，粵澳為主力」開發橫琴，並完成「泛珠三角橫琴經濟合作區的項目建議書」。2006年廣東省通過了「橫琴島開發建設總體規劃綱要」，美國拉斯維加斯金沙集團預計投入130億美金開發成為國際度假村項目，後因中共高層反對，開發案中止。

2008年「珠江三角洲地區改革發展規劃綱要（2008-2012年）」規劃橫琴成為「橫琴新區」，是繼上海浦東新區、天津濱海新區之後，第三個由中國國務院核准成立的國家級新區，提出要將橫琴規劃為推進粵港澳更加緊密合作的新平台和新載體，橫琴新區規劃建設正式啟動。橫琴新區的重要規劃與政策出台如下：

　　2009年8月國務院通過「橫琴總體發規劃」，將橫琴新區發展定位成，要逐步將橫琴建設成為「一國兩制」下探索粵港澳合作新模式的示範區、深化改革開放和科技創新的先行區，促進珠江口西岸地區產業升級的新平台，正式將橫琴新區的開發建設提升為國家戰略。

　　2011年3月粵澳兩地政府在北京簽署「粵澳合作框架」，將「合作開發橫琴」作為粵澳合作的「重中之重」，在「粵澳合作框架」專列「合作開發橫琴」一章，詳細列明「共同參與」模式、「分線管理」和通關便利化的規定，以及相關「配套政策」等等，把橫琴開發列為深化粵澳合作的重點領域，實際上已成為「特區中的特區」。

　　2011年7月，中國國務院做出關於橫琴開發有關政策的批覆，同意橫琴實行比經濟特區更加特殊的優惠政策，以加快橫琴開發，建構粵港澳緊密合作新載體，重塑珠海發展新優勢，促進澳門經濟適度多元發展和維護港澳地區長期繁榮穩定。

　　2012年7月標示粵澳合作的指標性計畫：「澳門大學」橫琴校區建物全部順利竣工；粵澳合作中醫藥科技產業園區成立合作公司，2013年7月20日澳大橫琴新校區已正式交由澳門特區政府接管，並依照澳門法律管轄。

3.南沙特區的規劃與發展

　　廣州市南沙區面積544平方公里，在粵港澳合作的三大平台中，南沙的區位優勢明顯，面積最大。南沙特區是珠江區域

性水陸交通樞紐，距香港38海浬距澳門41海浬，地處珠三角核心地帶。南沙新區建設已被列入「珠江三角洲地區改革發展規劃綱要（2008-2020年）」、「粵港合作框架」、以及中國十二五規劃。

南沙處於珠三角的幾何中心，具有良好的港口區位優勢與廣闊的珠三角腹地。南沙早年以貨物貿易物流起家，並已衍生現代服務業，已被定位為中國南方對外開放的重要海上門戶，要全方面、多領域地拓展粵港澳合作領域，利用實施CEPA先行先試綜合示範區的機遇，在專業服務、科技創新、研發設計、教育培訓、文化創意與影視製作與香港開展全方面的深入合作。主要政策出台的先後如下：

2002年以來，南沙已擁有國家經濟技術開發區、高新技術產業開發區、保稅港區等國家級特殊經濟功能區，也是廣東省唯一實施CEPA先行先試的綜合示範區，目前南沙已是廣州經濟發展的重要增長極。

2010年4月，南沙成為「粵港合作框架」指定的重點合作區。規劃南沙區參照先進地區的城市規劃和社會管理模式，建設一流的人居環境，吸引高端人才聚居創業，打造服務中國內地、連結香港的商業服務中心、科技創新中心和教育培訓基地，推動發展智慧產業，積極探索依托南沙保稅港區建設大宗商品交易中心和華南重要物流基地。

2011年11月，南沙被列入國家十二五規劃，明確定位南沙為「打造服務內地、連接港澳的商業服務中心、科技創新中心、教育培訓基地、臨港產業配套服務合作區」。2012年中共國務院通過設立「廣州南沙新區發展規劃」，全面深化粵港澳合作，列為廣州市未來發展的主要任務。

與同屬粵港澳合作重點區域的深圳前海、珠海橫琴比較，前海側重與香港的合作，橫琴則側重與澳門的合作，而南沙背靠珠

三角廣闊腹地，可同時加強與港澳兩地的合作，達到「一成連三地」目的，南沙是港澳需求與廣東發展的結合點，承擔著「服務內地、連接港澳」的作用（金永亮，2012，26）。

第三節 現階段粵港澳合作框架實施成效評估

　　自中國大陸改革開放初期，成立四個經濟特區開始，就開始在市場主導下推動粵港澳經濟合作，可稱為「市場機制主導時期」；港澳回歸後開始了政府間的合作，例如成立粵港、粵澳聯席會議。2003年「內地與香港關於建立更緊密經貿關係的安排」（CEPA），為粵港澳創造了更廣闊的合作平台，這段時期除了市場因素之外，還加入政府政策的大力推動，可說是「市場與政府機制並重時期」；2008以後，中方推動「珠江三角洲地區改革發展規劃綱要」，提出要以社會機制融合創新，更緊密地促進粵港澳的合作，要進一步發揮社會組織的作用，鼓勵學術界、企業界建立多形式的交流合作平台，成立各種諮詢渠道與民間合作形式，2010年以後所簽署「粵港合作框架協議」、「粵澳合作框架協議」，都涉及民間合作，亦即在市場與政府機制的基礎上，又加入社會管理機制的融合對接，稱為「社會機制融合時期」。茲將上述三個主要時期的實施成效，衝擊影響與問題挑戰，說明如下：

一、粵港澳整合成效評估

1.市場機制運作時期（1979-1997）

改革開放以來，珠三角憑藉改革開放先行開放的制度創新，位於鄰近港澳的區位優勢，以及廉價勞動力與土地成本優勢，將港澳地區承接國際產業訂單的國際市場優勢，與廣東本土工業化結合起來，並透過引進國際直接投資與中國廣大內地農村剩餘勞動力，作為80年代以後，中國參與國際產業分工與國際市場競爭的主要型態，創造快速工業化與經濟增長，被稱為「世界製造業基地」，取得舉世矚目的成效。

此一時期主要是粵港澳經濟合作基於雙方經濟優勢互補：廣東豐富、低廉的土地與人力資源，和港澳地區充裕的資金、優越的管理技術與豐富國際經驗相互結合，粵港澳最初的合作形式是「三來一補」（來料加工、來樣加工、來件裝配與補償貿易），逐漸由三資企業（中外合作、中外合資、獨資企業）佔主導地位，形成「前店後廠」區位分工格局，由港澳從事對外市場營銷、產品設計、金融服務等活動，廣東則作為加工、生產的基地。這段時期主要由兩地的製造業企業基於生產要素的互補優勢進行合作，由市場機制主導。

2.市場與政府運作機制並重時期（1997-2008）

香港回歸後，粵港澳製造業經濟合作的持續加深，並進入各方面政府層面合作，自1998年開始粵港建立的政府聯席會議，2003年並由兩地行政首長共同主持，商討政府合作事宜，粵澳之間也建立的類似的合作聯席會議制度。2003年中國與港澳簽訂的CEPA，透過政府間協議推動粵港澳合作的平台，擴大並加深合作的範圍，除了原有製造業之外，在服務業合作與市場准

入、交通基礎設施、口岸與海關、各項要素流動、行政管理措施等等。

在政府主導下的粵港澳經濟合作重點，領域、機制與範圍都發生的深刻的轉變，基本實現了在市場機制下由民間企業自發合作，向政府層面進行引導與協調的合作轉變，發揮粵港澳經濟互賴緊密化程度，除了CEPA之外，2004年6月3日「9＋2」省（區）政府在廣州簽署《泛珠三角區域合作框架協議》，也將合作觸角深入到泛珠三角大陸內地，尤其是涉及服務業的市場開放，往往需要政府間協調配合。

這段時期，粵港澳合作模式由「前店後廠」轉向「共同市場」型態發展，由加工貿易型合作開始朝向多領域、多層次、全方位的經濟合作，合作的重點也由製造業轉向服務業，而服務業主要涉及大陸內需市場，涉及許多中國政府制度法規調整，相對於香港作為一個自由港，香港政府對經濟活動長期標榜「積極不干預」，因此對於以服務業為主的產業合作，除了市場機制運作之外，需要粵港澳各相關政府的積極引導與協調溝通。例如中國大陸對港澳CEPA的服務貿易市場開放，每年出台的補充協議做為雙方政府努力的階段目標，目前已產生10份補充協議，顯示這段時間是市場與政府機制並重的時期。

3.社會管理機制融合時期（2008年以來）

中國國務院提出「珠江三角洲地區改革發展規劃綱要」（2008-2020年），以及為落實CEPA與上述綱要於2010年的「粵港合作框架協議」、2011年「粵澳合作框架協議」，要以創新制度的合作方式作為新階段的合作先行示範區，探索推動主要合作區域和領域的體制機制創新。

在2008年以後粵港澳合作框架，除了堅持市場主導、政府推動，特別強調「民間合作」的社會交流，包括「支持粵港工商專

業組織建立聯繫機制、設立行業協會合作平台、統一行業服務標準及資格認定，促進建立統一服務市場；促進雙方工商業企業界、專業服務業、學術界等社會各界加強交流與合作；支持雙方行業公協會展開人員培訓、資格互認、行業自律等工作，並共同制定區域行業規則」。[15]

在這一階段主要是擴大民間專業社會組織參與粵港澳合作，透過雙方行業專業、社會機制的交流合作，不斷完善與優化粵港澳合作平台，建立粵港澳用的社會管理機制，使得市場、政府、與社會組織成為粵港澳合作的三個主要治理機制。

二、對粵港澳合作成效與發展障礙

1.粵港澳合作成效與對港澳經濟發展的助益

在粵港澳合作中，在回歸前的由市場主導發展時期，粵港澳各方在有利的比較優勢下，促進廣東珠三角地區成為中國大陸經濟增長最快速的地區，舉世矚目，香港澳門也在大陸腹地與廉價的勞動力、土地的成本優勢，順利進行產業轉型與升級，香港則持續發揮自由港優勢，在中國內地經濟發展快速帶動下，香港金融與貿易轉口迭創佳績，粵港澳成為中國次區域跨境經濟合作最成功的地區。

在SARS疫情期間，香港澳門經濟受到重創，中國與港澳簽訂CEPA開放內陸服務業市場、和陸客自由行活絡刺激了香港服務業經濟成長，因此在回歸前10年，在中港雙方政府機制合作下，挽救了香港自回歸以來最嚴重的經濟危機。

---

[15] 請參見「粵港合作框架協議」第十章第五條條文內容。

2008年受到美國次貸金融風暴影響全球遭受金融風險，中國國務院陸續提出「珠江三角洲地區改革發展規劃綱要」（2008-2020年）、「粵港合作框架協議」、「粵澳合作框架協議」、中國「十二五規劃」，強化新時期珠三角與廣東省與港澳進一步的合作方案，除了產業移轉與產業升級外，繼續在生產與生活要素的流通公共服務體系的銜接，重點合作區發展能夠取得較大突破。

2.目前粵港澳合作存在主要的障礙

港澳回歸後，粵港澳合作平台多了政府間治理合作平台，面對國際疫情或金融危機發生，粵港澳政府透過聯手合作方式能更及時並積極作為，因應外部挑戰。2008年後陸續出來合作框架協議或實驗區發展規劃，還包括不同社會的社會體制與制度，存在許多合作的制度障礙與發展瓶頸，主要有下列：

（1）政府職能銜接的制度障礙

以粵港澳合作框架或CEPA框架而言，區域內的制度政策差異與協調難度增加了區域內合作交易的成本。CEPA內部有香港、澳門與內地三個獨立關稅區，存在關稅與非關稅的壁壘，有港幣、澳元、人民幣三種獨立流通的貨幣體系，有三套獨立的司法體系，在這樣彼此獨立的制度板塊下，由於各地區的獨立利益，在交往中必然存在許多博奕的行為。

以香港為例，香港獲得國際上一致肯定是最自由的經濟體，沒有貿易障礙的自由港、擁有低程度的政府干預、高透明度、奉行法治、精簡而一體適用的商業規管制度、商業投資及營運手續簡便、資金流動與外來投資享有高度自由、銀行與金融業的低度限制，主要由市場導向的薪資與價格，落實保障智慧財產權。相對於中國大陸各地，各省市由於所處地區不同，市場規範與開放程度不同，因此各地存在開放與政策政策的差異。一邊是全球最自由的經濟體，另一方面是經濟轉軌中市場開放程度與政府職能

都存在許多差異性的中國內地，這往往使得港澳的經濟輻射往往只能限制在珠三角的範圍內，而很難輻射到廣東省以外地區。而粵港澳政府銜接問題，主要仍是中方各政府自身制度的改革，另方面各地政府職能的差異，造成協調成本提高，往往需要中央政府出面協調。

（2）中國大陸政府對企業、社會組織發展干預過多

香港政府向來奉行積極不干預的政策，被中國大陸方面抨擊在產業結構轉型發揮不夠充分，對高科技研發投資扶持力度不足等等；但相對地中國大陸各級政府仍對市場存在許多干預，審批程度繁複，例如服務業方面，內地服務業市場營業往往涉及許多國家與地方機關審批，且審批程序繁雜，許多港澳商人要充分利用CEPA存在許多困難。此外港澳政府為有限型政府、服務型政府，將許多職能由非營性組織NPO或非政府組織NGO承擔，而大陸政府一向為全能性政府，對社會組織控制較嚴且過度干預，排斥或敵視成立社會組織，致使相關社會職能對接發生困難，要建構粵港澳共同使用社會管理制度存在一定困難。

（3）中國內地基礎設施發展不均衡

高效率的區域整合基礎設施的功能在於大大加速人流、物流、金流、資訊流的流速，縮小區域內時空的差距。泛珠三角九省市面積200萬平方公里，佔全國五分之一，港澳作為珠三角經濟輻射地，區域內一方面存在對交通、通訊基礎設施的高度需求，另方面也存在在CEPA與泛珠三角內部梯度分布嚴重差異，也呈現出發展不平衡現象。例如珠江口東西岸經濟發展存在落差，東岸深圳、東莞離香港近經貿繁榮，西岸則因海口必須繞路遠行，西岸經濟發展變不如東岸，因此透過基礎設施建設，縮短泛珠區域經濟發展落差，預計2016年完工的港珠澳大橋便是縮短粵東西發展差距的重要交通工程。

除了交通，網路通信也是接受港澳輻射的重要途徑，雖然中國大陸與港澳同屬一個國家，但通訊網路仍未統一，港澳與廣東內地通話時收取費用仍是國際長途資費，一定程度上會限制流量。

三、現階段對港澳經濟政治矛盾日益顯現

1.對於前海發展的香港隱憂

　　作者曾赴香港調研，香港前官員H表示，「前海」作為吸取香港經驗要成為金融中心，就西方純經濟學的角度並不具備條件，因為這是「突然跳出來了」，但在中央強大政府背書，在強勢的政策作為下，「前海」仍會有一定的成績。只不過金融服務業與製造業不一樣，不是劃一個地區從事金融活動，它就會成為金融中心CBT，它需要對外開放並與國際接軌。[16]同時被國際接受，要成為「珠三角的曼哈頓」，或是「深圳的中環」都不是建立在「地域可控性」之上。

　　目前擔任前海特區林姓顧問則指出，除了金融與香港合作外，前海特區也有規劃成為自由貿易區、保稅區，這些經驗都是學習香港，包括輪船註冊、法律制度、貨物通關等，因為金融中心CBT還是要貿易航運來推動，使得前海在文化背景上更像是在打造另一個香港。

　　前香港官員H指出，與平潭一樣前海已經列入大陸十二五發展規劃中，並且是中港CEPA的先行先試區，目前香港政府的態度是不直接參與配合，而是扮演市場推廣的諮詢角色，因為前海

---

[16] 作者曾2013年4月18日赴香港深度訪問前港府官員對「前海特區」對香港未來影響之訪談記錄，以H簡稱這位前港府高級官員。

作為新金融中心的規劃，雖然對部分港商可能有利，例如金融服務開放，有利於開拓內地市場，前海的投資基金可直接投資內地產業，這對部分香港企業有吸引力。可是香港政府內部也有人擔心，若香港金融中心移轉至前海的替代效應出來，恐非香港之福，例如就業、稅收都不在香港，對香港負面衝擊不小，加上上海緊盯著前海的特殊政策，一旦這些特殊政策的擴散，對香港而言，到底是加強自身貿易金融中心功能，還是會產生移轉的替代效應，正嚴肅考驗著香港的未來。

香港理工大學教授朱文暉則表示，前海特區一開始是規劃由香港與深圳共同主導參與，但現在已變為深圳佔據主導地位的態勢。大陸方面曾經規劃前海特區的民、商事法規與制度能夠比照香港，但北京方面表示不可行而作罷。目前的前海特區可說是由深圳主導、香港參與的局面。

朱文暉也認為目前香港政府被動不參與態勢，也與香港公務員長期的特質有關，對於前海特區規劃香港方面表現出其一向的不積極的態度。可能也與香港公務員體系一貫的不夠積極、執行力強卻恪守規律、無開拓創新的精神、並在決策與危機處理能力上的缺乏有關。但前海特區中央賦予了金融、財政、稅收上諸多非常優惠的政策與措施，未來仍被看好。

2.對於澳門橫琴開發的矛盾與制度障礙

相對地香港／前海合作前景較被看好，澳門與橫琴之間確有著較多的制度障礙，朱文暉表示「前海之於香港，與橫琴之於澳門來說，是兩個完全不同的概念。橫琴可以說是完全將土地交給澳門，使其額外擁有一塊可供發展與利用的腹地。但由珠海與澳門共同合作開發的橫琴，卻也顯露出兩地長久以來已有的矛盾與問題。橫琴特區澳門大學校區未來甚至會用鐵絲網將其封起來，這樣的舉措勢必引起珠海的不滿，同時也無法帶動校園（澳門大

學校區）的經濟效應能輻射周邊地區。珠海與澳門間長期不佳的關係，恐怕矛盾會更加嚴峻。」

前海與橫琴的另一差別是在於雙方合作的模式不一樣，朱文暉認為：「前海是屬於『企業－企業』之間的合作模式，較容易找到彼此之間的集合點；橫琴卻是屬於『政府－政府』之間的模式，雙方的差異與歧見較大，彼此政府之間的『情緒』亦很大。」因此，橫琴發展的效率與潛力將不及前海。

（作者參訪「前海特區」現場拍攝）

企圖複製香港中環金融中心的深圳「前海特區」，將是粵港合作的重中之重，圖為2013年完工啓用充滿未來感的展示館建築物外觀。

Chapter 5
第五章

現階段「海峽西岸經濟區」
運作模式分析

（本圖摘自《金門縣概念性總體規劃》，金門縣政府出版）

海峽西岸經濟區是針對台灣所規劃的次區域合作戰略，而兩岸服貿協議開
啟了海西區從單邊主義走向雙邊主義的序幕，影響深遠。

從中國整體的次區域跨邊境經濟合作方案，「海峽西岸經濟區」主要對接整合對象主要是針對「台灣」。但台灣畢竟不同於港澳地區，「海西區」規劃構想雖自上世紀九零年代就開始，但其深受兩岸關係波動影響，2004年雖有將「海西區」的構想提昇為大陸福建省發展新戰略，甚至於2005年首次將「支持海峽西岸和其他台商投資相對集中地區的經濟發展」寫入中共十一五規劃，但台灣方面政策抵制，使得「海西區」的推動成效，甚為有限。

　　2008年台灣政黨輪替，兩岸關係出現緩和形勢，「海西區」構想被提高至中央國務院加以背書，2009年5月國務院通過「關於支持福建省加快建設海峽西岸經濟區的若干意見」，開始正式對台推出一系列對接的方案，2009福建省省委通過設立「平潭綜合實驗區」的決定，國務院也通過涵蓋4省20市的「海峽西岸城市群發展規劃」，2011年國務院正式批准「海峽西岸經濟區發展規劃」。至此「海西區」成為中國大陸推動與台灣經濟合作的重要方案。

第一節　海峽西岸經濟區的運作模式

一、「海西區」的背景與發展

　　大陸福建地區自1994年開始倡議與臺灣對接的經濟戰略構想，「海西區」概念逐漸被提出來，尤其以盧展工擔任福建省黨委書記期間倡議最力，被納入「十一五」規劃，但因時逢民進黨執政，對「海西區」採取抵制不配合的政策，曾使「海西區」戰

略構想難以實現，幾乎胎死腹中。然而2008年政黨輪替，馬英九政府執政後恢復兩岸兩會協商，並達成多項協議，兩岸關係出現空前和緩形勢，兩岸政府推動兩岸交流合作氣氛下，「海西區」戰略構想出現了可推動的機遇期，2009年被中共國務院以「若干意見」具體落實，2011年「海西區」也被入「國民經濟和社會發展第十二五年規劃綱要」（簡稱十二五）文件中。

「海西區」規劃獲得中央強有力的背書，國務院以實際各種政策與開發項目，大力發展「海西區」，當時中國國家主席胡錦濤在2010年春節選擇了在廈門與臺商過年，以實際行動宣示對「海西區」政策的全力支持，至此，「海西區」擁有中央全力背書奧援下，成為具有戰略高度的重點開發新區，除經濟發展意涵，「海西區」亦兼具對臺政策的政治目的。

「海西區」及「平潭綜合實驗區」被納入「十二五規劃」第58章，內容揭櫫係要以「推動兩岸關係和平發展和中國統一大業」為目標，其中第3節「支援海峽兩岸經濟發展區建設」提到：「充分發揮海峽西岸區在推進兩岸交流合作的先行先試作用，努力構築兩岸交流合作的前沿平臺，建設兩岸經貿的緊密區域、兩岸文化交流的重要基地和兩岸直接往來的綜合樞紐。發揮福建對臺交流的獨特優勢，提升臺商投資區功能，促進產業深度對接，加快平潭綜合實驗區開放開發，推進廈門兩岸區域性金融服務中心建設。支持其他臺商投資相對集中地區經濟發展。」

因此從「十二五規畫」內容不難發現，「海西區」與「平潭綜合實驗區」具有高度濃厚的對臺政治性統戰目的。因此，過去臺灣政府對大陸中央或福建地方所提出政治意圖濃厚的對臺統戰經濟整合特區構想與方案，都會提高警覺，甚至加以加以抵制，使得由福建地區所主導「海西區」，一方面客觀上缺乏市場經濟吸引力，加上臺灣政府主觀面的刻意杯葛或拒絕配合，如今兩岸

關係改善，加上北京中央全力政策背書，強化政策優惠措施，使得「海西區」實施成效備受關注。

二、「海西區」的制度規劃

依照「關於支持福建省加快建設海峽西岸經濟區的若干意見」、「海峽西岸經濟區發展規劃綱要」等「海西區」重要文件，可歸納下列基本要點：

1.規劃佈局

海峽西岸經濟區是以福建為主體，面對臺灣，鄰近港澳，北承長江三角洲，南接珠江三角洲，西連內陸，涵蓋周邊，強調具有自身特點、獨特優勢、輻射集聚、客觀存在的經濟區域，強調是沿海經濟帶的重要組成部分，在全中國大陸區域經濟發展佈局中處於重要地位。福建省在海峽西岸經濟區中居主體地位與臺灣具有「五緣關係」——地緣相近、血緣相親、文緣相承、商緣相連、法緣相循，強調自身具有對台交往的獨特優勢。

2.戰略定位

利用區位優勢與五緣關係，將「海西區」的戰略定位在「全面對接台灣的經濟，成為兩岸人民交流合作的先行先試區」、「大力強化基礎設施，服務周邊地區發展新的對外開放綜合通道」、「加強兩岸產業合作，成為東部沿海地區先進製造業的重要基地」、「突出海峽主題，發揮自然和文化旅遊中心」等四項戰略定位。

3.發展目標

規劃到2020年「海西區」綜合實力顯著增強，成為中國新的經濟增長極，構築成為兩岸交流合作的前沿平台。「海西區」目標主要有：

（1）建設兩岸經貿合作的緊密區域，加強產業深度對接；
深化農業合作；提升服務業合作水平；擴大對台直接
貿易。

（2）建設兩岸文化交流的重要基地，推進文化交流合作；
推進科技交流合作；推進教育交流合作；推進衛生交
流合作。

（3）建設兩岸直接往來的綜合樞紐，構建服務兩岸的客運
樞紐；構建服務兩岸的貨運樞紐；構建服務兩岸的資
訊樞紐。

4.「海西區」示範區───「平潭綜合實驗區」

設立「平潭綜合實驗區」，開展兩岸區域合作綜合實驗示範
區，努力把平潭建設成為兩岸同胞合作建設、先行先試的共同家
園。探索兩岸合作新模式，建構兩岸經貿合作特殊區域，創新社
會管理新模式，積極探索台胞參與平潭社會事務管理方式，把平
潭打造成為適宜兩岸民眾居住的示範區。

第二節　平潭、廈門等實驗區的規劃與佈局

依據「海西區發展規劃」，統籌城鄉與區域發展主要在強
化二十個城市發展群，規劃福州、廈門、泉州、溫州、汕頭等城
市為中心城市；漳州、莆田、寧德、潮州、揭陽等現代化港口城
市；南平、三明、衢州、麗水、上饒、鷹潭、撫州為生態型城
市；以及龍岩、贛州、梅州等生態工業城市。[17]或是針對發展所

---

[17] 請參閱「海峽西岸經濟區發展規劃」，第七章「統籌城鄉與區域協調發展」部分，2011

規劃的「福建省十二五建設海峽兩岸產業合作基地專項規劃的通知」，其中閩台產業合作總體空間佈局的「五區十園」（如下表）。[18]基本上若以二十個城市發展規劃或十五個產業佈局，因涵蓋範圍廣，涉及產業分散，需要長時間培養等，整體發展的角度難以共同成為「海西區」的增長極。因此特別要先規劃兩個增長極，以「平潭綜合實驗區」為「海西區」發展的先行示範區，後又加入「廈門市深化兩岸交流合作綜合配套改革實驗總體方案」（簡稱：廈門綜改區），福建一北一南，作為整體「海西區」發展的示範合作區。

圖【5-2-1】：閩台產業合作總體空間佈局：「五區」

資料來源：《福建省「十二五」建設海峽兩岸產業合作基地專項規劃》

年3月國家發改委公布，頁33-34。
[18] 請參見「福建省十二五建設海峽兩岸產業合作基地專項規劃的通知」，第四章空間佈局，2011年11月7日福建省人民政府同意。

圖【5-2-2】：閩台產業合作總體空間佈局：「十園」

資料來源：《福建省「十二五」建設海峽兩岸產業合作基地專項規劃》

三、仿效粵港澳模式建立核心區

80年代中國啟動經濟發展改革開放，以深圳、廈門、珠海、汕頭等地做成經濟特區，經過30年發展取得重大的成就，舉世矚目。如今正在推動下一波的經濟增長，提出「珠江三角洲地區改革發展規劃綱要」（2008-2020年），選擇前海、橫琴與南沙作為新的增長極與核心區，再向周邊地區輻射帶動發展，成為全珠江流域各城市的先行示範區。

因此在2009年提出「關於支持福建省加快建設海峽西岸經濟區的若干意見」，「若干意見」中就表達要「進一步探索在福建沿海有條件的島嶼設立兩岸合作的海關特殊監管區域，實施更加優惠的政策。探索進行兩岸區域合作試點。」一直到2011年「海峽西岸經濟區發展規劃」提出，才正式清楚這個「有條件的島嶼」就是平潭島。

根據作者曾赴陸考察，對於「海西區」選擇「適合地點」作為兩岸合作核心示範區，廈門與福州有不同意見而且雙方進行激烈的「博奕」，最後佔優勢的省會福州市基於平衡福建南北發展不均考量，選擇了較貧困且發展落後的平潭島。根據當時參與決策的官員透露，當時也曾思考以發展條件較平潭島為優的東山島，作為廈門與福州的折衷案，但福州派官員顯然沒有接受。2011年11月國務院正式批覆「平潭綜合實驗區總體發展規劃」，12月11日國務院發改委正式印發。選擇了「平潭島」後，為緩和廈門方面的「不平」並滿足廈門各界期待，國務院通過「平潭綜合實驗區總體發展規劃」，稍後不久，也在2011年12月21日相繼通過「廈門市深化兩岸交流合作綜合配套改革試驗總體方案」。

比較「平潭」與「廈門」，兩者都是根據「關於支持福建省加快建設海峽西岸經濟區的若干意見」與「海峽西岸經濟區發展規劃」，但「平潭規劃」多了為貫徹落實中國「十二五規劃」，其「重要性」與「指標性」應較「廈門綜改方案」略高。

四、平潭綜合實驗區的規劃與執行

「海西區總體規劃」專闢一節說明「建設兩岸合作的平潭綜合實驗區」，提出「設立平潭綜合實驗區主要目的在於開展兩岸區域合作綜合實驗，將平潭建設成兩岸同胞合作建設、先行先

試、科學發展的共同家園。」要將平潭規劃建設成為「探索兩岸合作新模式」、「建構兩岸經貿合作特殊區域」、「建設兩岸同胞的共同家園」。[19]

1.制度建立與創新

2011年中國國務院正式批准《海峽西岸經濟發展規劃》，福建省委宣佈「平潭綜合實驗區」成立，以「五個共同」：共同規劃、共同開發、共同經營、共同管理；「三個放」：放地、放權、放利為主要模式，接著又在2012年中國國務院發布《平潭綜合實驗區總體發展規畫》，[20]根據80年代中國為了加快香港回歸，鄧小平提出：「深圳可以移植香港的法律」，造成台灣政府也質疑平潭是否成為大陸實行統戰的「一國兩制實驗區」。

以往有關促進兩岸合作的制度設計中，主要都是以「單方惠臺」的制度設計為主；但從長遠來看，卻是鮮少觸及兩岸企業的融合互動，亦使這種制度的制定缺乏創新，並不是兩岸長期合作發展的健康模式（鄭柵潔，2012）。如福建省資訊化課題組在〈平潭構建兩岸資訊技術產業合作先行先試區的設想〉一文中所指出的這種「單方惠臺」政策往往會出現「五大問題」：單向、內爭、雷同、籠統與務虛等。許多大陸學者都開始注意到此問題，因此在「平潭綜合實驗區」對臺政策中，出現不同於以往的制度創新，從「單向惠臺」朝向「共同受益」；亦從「單向管理」朝向「共同管理」、「共同經營」等方向發展。

在「海西區」規劃，事實上廈門與平潭都同樣作為「兩岸交流合作先行區」的建設構想，亦獲得北京中央相繼批准，亦都

---

[19] 請參閱「海峽西岸經濟區發展規劃」，第四章「構築兩岸交流合作的前沿平台」第四節「建設兩岸合作的平潭綜合實驗區」部分，2011年3月國家發改委公布，頁18-19。
[20] 參見「國務院：發布《平潭綜合實驗區總體發展規畫》」，人民網，方雲偉，2012年2月14日。

同樣被賦予了對臺政策「先行先試」的政策支援與權限。但在過去數十年的發展歷史中，兩者之間在基礎建設與發展程度上的差異卻極為顯著。無論在對臺合作、臺商分佈、基礎建設、社會環境、經濟發展、產業現狀、人才集聚等方面，廈門均遠遠領先平潭。因此，「平潭綜合實驗區」若欲達到「兩岸交流合作先行區」的境界，勢必在「制度創新」層面有全新路徑的開拓與全新模式的創建，突出與廈門綜改試驗區的差異化，以追求兩岸更緊密的合作，乃至是能「促進兩岸社會融合方面的獨特功能」，方能充分發揮其優勢，以達到「後發者」卻能「後發制人」的姿態佇立於海峽西岸經濟區中（石正方，2011：26-35）。

因此，平潭綜合實驗區的成功與否，其中很大一部分關鍵即在於在兩岸交流、合作與兩岸關係問題上的「制度創新」。制度創新能否成功的重要條件，即是中共中央是否賦予平潭在對臺合作領域中的「先行先試」相關政策。相較於以往政策偏重於經濟合作層面，平潭的「先行先試」制度創新即在於是擴及行政體制、法律體制、經濟體制與社會管理體制等多方面的「先行先試」（宋炎、王秉安、羅海成，2011）。其最終目標亦不似往常僅停留在「兩岸交流合作先行區」而已，而是希望更進一步朝更深層的、更具認同感的、更堅固與穩定的「兩岸共同家園」的目標邁進。其與以往對臺政策的創新與突破之用心可見一斑，而隱藏其中的對臺統戰之政治意圖亦有跡可循。

「平潭綜合實驗區」相關報導出現於臺灣政經社會後，最引發關注的莫過於「五個共同」：共同規劃、共同開發、共同管理、共同經營、共同受益。而「共同管理」的全新概念無疑最成為最震撼台灣社會政治敏感神經的議題，其不僅可能直接挑戰臺灣現行兩岸的法規與條例，亦讓關於「政治特區」、「統戰思想」、「一國兩制」之類的臆測與猜忌，鬧得沸沸揚揚。政治議

題向來是兩岸互動中最敏感的神經。但平潭卻揮舞著「共同管理」、「學習臺灣社會治理模式」、「引進臺灣高階管理人才」的大旗，在行政管理與社會管理的體制與法規上力求創新企圖引進「臺灣元素」，但亦引起台灣內部對「平潭」規劃的猜忌與爭議不斷。

　　細究平潭對臺政策的制度創新，不僅僅是著重於短期的、可見的、專門於經濟效益層面的政策考量；而是長遠的、深層的、廣布於各個層面的「戰略規劃」。中國社會科學院臺灣研究所研究員王建民甚至毫不諱言的撰文指出：「……其重要的戰略目標就是要為未來兩岸關係的長遠發展、兩岸社會融合與未來兩岸政治統一的制度安排，累積經驗。」

　　「共同管理」的制度創新，除表現在將在平潭實行「三放」政策：「放地、放權、放利」之外，並將預計高薪引進臺灣人才千人以上，以及引進臺灣社會管理模式，並在特定區域內由臺灣人來治理開發平潭。平潭管委會自成立開始，便標榜著「大綜合、扁平化、高效率」的新體制，管委會只設『兩部六局』（黨群和對臺工作部，社會、公安、經發、交建、財金、環境6個職能局）。福建省長蘇樹林指出：「平潭的開放開發必須倚重國外以及臺灣人才的能力。」預計將招募20名左右的高階管理臺灣專才，最高職務包括平潭綜合實驗區的管委會副主任，其他還有管委會辦公室副主任、實驗區經濟發展局副局長、環境與國土資源局副局長、交通與建設局副局長、發展研究中心副主任等職，年薪高達二十至六十萬人民幣，並提供免租金公共租賃房等生活機能補助。而蘇樹林更於2012年3月來臺期間公開宣傳，表示平潭將招募千人的臺灣專才，以達「共同管理」與「兩岸共同家園」之效。

　　「平潭綜合試驗區」的制度創新亦表現在通關、稅收等政策層面，在《海關總署關於支援平潭綜合實驗區開放開發的意見》

全文中指出：「支援平潭發揮減免稅收政策優勢，創辦兩岸合作的高等學校，建設兩岸文化產業園，興辦兩岸合作的醫療衛生設施，加強兩岸教育、文化、衛生等領域的合作交流。」而其目的在於「促進兩岸之社會融合」。

平潭將採行的「創新通關管理模式」，其基本內涵為：「一線放寬，二線管住、人貨分離、分類管理」。其中特別強調在平潭與境外口岸之間人貨往來的「一線」放寬管理，以利兩岸間貨物與服務的往來能更加順暢。同時，將辦理臨時牌照的權限下放給平潭的車輛管理部門，並允許臺灣的機動車在臨時牌照的有限期間內能夠多次進出平潭。

2.優惠政策與執行

稅收政策方面，北京中央國務院則擬對境外進入平潭與生產有關的貨物給予免稅或保稅。在平潭工作的臺灣人涉及個人所得稅問題時，暫由福建省政府按大陸與臺灣所得稅付差額對臺灣居民進行補貼。在平潭設立出境開放口岸的前提下，按現行有關規定設立口岸離境免稅店。參照現行大嶝島對臺小商品交易市場的模式，支援在平潭設立臺灣小額貿易商品交易市場，詳見如下：

（1）優惠保稅、免稅政策。對從境外進入平潭與生產有關的貨物給予免稅或保稅，支援平潭積極承接臺灣及境外高新技術產業轉移，加快發展現代物流、商貿流通、研發設計、會展等服務業，打造以高新技術產業和現代服務業為主導、具有較強競爭力的特色產業體系。

（2）「企業自主選擇徵稅貨物狀態」政策。對平潭保稅加工貨物銷往內地，試行按其對應進口料件或按實際報驗狀態徵收關稅的政策，促進平潭保稅加工產業發展，建設海峽西岸高新技術產業基地。

（3）優惠出口退稅政策。對內地與生產有關的貨物銷往平潭視同出口，按規定實行退稅，支援平潭加快基礎設施建設，加快開發建設步伐。

（4）優惠旅遊購物政策。支援平潭設立口岸離境免稅店和臺灣小商品交易市場，發揮平潭旅遊資源優勢，加強兩岸旅遊合作，以達將平潭建設成為國際知名的海島旅遊休閒目的地。

金融政策方面，支持臺灣的金融機構在平潭設立經營機構，支持銀行業金融機構在平潭設立分支機構。允許福建省內符合條件的銀行機構、外幣代兌機構、外匯特許經營機構，在平潭辦理新臺幣現鈔兌換業務。支持符合條件的臺資金融機構根據相關規定在平潭設立合資證券公司、合資基金管理公司。允許在平潭的銀行機構與臺灣銀行間開立人民幣同業往來賬戶和新臺幣同業往來賬戶，允許平潭符合條件的銀行機構為境內外企業、個人設立人民幣賬戶和新臺幣賬戶，並積極研究具體操作辦法。允許平潭的臺商投資企業在境內發行人民幣債券，探索在香港市場發行人民幣債券。

在方便兩岸直接往來與方便臺胞就業生活政策方面，支持設立平潭海運口岸，列為對臺海上客貨直航點，構建兩岸直接往來快捷通道。允許符合條件的平潭居民及在平潭投資、就業的其他大陸居民經批準辦理往來臺灣一年有效多次簽注。允許臺灣地區機動車在臨時牌照有效期內多次自由進出平潭。允許臺灣的建設、醫療等服務機構及執業人員，持臺灣有權機構頒發的證書，在平潭開展相應業務。在平潭綜合實驗區內就業，居住的臺灣居民可按中共國家有關政策規定參加當地養老、醫療等社會保險。

在平潭綜合實驗區管委會發布的《關於支持臺灣同胞創業發展的優惠政策措施》中，從財稅、用地用海、人才引進、文教醫療等方面，提出了各項優惠政策支持。

（1）財稅優惠

凡新入駐並符合實驗區鼓勵類產業目錄及相關條件的臺企，自納稅年度起5年內，由實驗區依產業類別按其年繳納稅收的地方級財政分成部分的不同比例，分別予以獎勵。凡符合實驗區認定條件、在實驗區內註冊，年繳納地方級稅收100萬元及以上、且營運滿一年的臺資金融機構（含臺資參股的金融機構總部或區域總部），按其年繳納稅收的地方級分成部分的50%予以獎勵，且參照註冊資本額度由實驗區一次性給予相應獎勵。

凡新入駐的臺企，自工商註冊登記之日起5年內，對涉及本區域內的行政事業性收費地方收入部分予以全免。而對高新技術臺企投保出口信用保險，在省定給予保費補助、利用保單進行融資給予貼息補助的基礎上，實驗區再分別給予保費補助和保單融資總額貼息補助；對信用擔保機構為臺企融資提供擔保，在享受省級信用擔保風險補償金補助的基礎上，實驗區再比照省裡補助標准予以風險補償。

（2）用地用海優惠

對新入駐的臺企項目用地，按用地的所屬土地等級，在工業用地最低價標準的基礎上，再下浮一定幅度作為底價，「招、拍、掛」出讓土地使用權，同時土地出讓金繳納期限可延長至2年；對技術特別先進並符合入區條件的項目用地，給予特殊優惠，但其所獲得的土地使用權不得轉讓。對新入駐的臺企，自工商註冊登記之日起3年內，企業需用海的項目海域使用金，地方分成部分予以全免。

在產業園區內由實驗區統一承建的標準廠房、辦公樓、生活配套用房，按成本價售讓給臺企，但10年內不得轉讓或轉租；屬臺企租用的，給予一定比例租金補貼，補貼期限5年。

（3）人才引進優惠

在人才引進優惠措施方面，對適用引進條件，在實驗區內所有企業的臺籍高管人員、各類專業科技人員（含文化教育等領域的人才），其在實驗區年繳納個人所得稅總額5萬元及以上的，由實驗區按每年繳納個人所得稅地方級分成部分一定比例給予貢獻獎勵，用於其個人購房補助和租房補貼。

凡屬引進科學研究和技術開發領域、經濟和金融管理領域、高等教育和培訓領域、現代服務及生產製造領域的臺灣高層次人才，適用人才引進條件的由實驗區提供公租房；在實驗區內首次購買商品房，可優先購置一套限價商品房。

（4）文教醫療優惠

在加強教育文化和醫療領域合作方面，鼓勵和支持臺灣高等院校與大陸高校在實驗區聯辦平潭大學、中高等職業技術學校，鼓勵臺胞獨資發展幼兒學前教育，實驗區在學校建設用地規劃審批、校舍設施建設、基礎設施配套等方面給予傾斜。

鼓勵和支持臺灣文化創意企業創辦文化創意產業園區、文化創意小鎮，合作開展動漫產品製作；設立文化產業發展專項資金，給予臺胞投資文化產業龍頭企業、文化產業園區等相應的項目補助、貼息或獎勵。

鼓勵和支持臺灣醫療康復機構興辦獨資醫療機構及各類康復保健設施，設立臺資獨資醫院，可自主選擇經營性質為營利性或非營利性。

（5）入出境便利化

平潭將盡快成立公安口岸簽證機構，為入境的臺灣居民落地辦理臺胞證及簽注。同時，實驗區可為進入區內的符合條件的臺灣地區機動車及駕駛人核發3個月臨時入境牌證，到期的可續辦3個月臨時入境牌證，在實驗區內使用。

進入實驗區的臺灣居民，可到實驗區公安出入境管理部門申請辦理5年有效臺胞證；需多次入出境的，可申請辦理一年多次有效來往大陸簽注；在實驗區投資創業和就業就學等需長期居住的，可申請辦理2－5年居留簽注，憑居留簽注可長期居住和多次入出境。

（6）市民待遇

臺灣同胞子女在實驗區內就讀（含臺商子弟學校），其學前教育、義務教育和高中階段教育，均可享受免費教育。

與實驗區企業形成勞動關係的臺胞，應參加企業職工基本養老保險和職工醫療保險。未與實驗區企業形成勞動關係且常住平潭一年以上的臺胞，可參加與本區居民同等待遇的城鎮居民社會養老保險和城鎮居民醫療保險。

取得居留簽注5年以上且在平潭工作3年以上的臺胞，本人及家庭成員在平潭無自有住房或未享有政策性住房的，可按規定申購限價商品住房。

平潭標榜「特區中的特區」，但鑑於2013年9月中國（上海）自由貿易試驗區成立，成熟的上海市實施更開放的市場自由化措施，對台商更具有吸引力，為避免平潭特色失去競爭優勢，平潭於2013年底旋即率先向北京申報「自貿區（港）」，以保持對台經濟對接的號召力。

五、廈門綜合配套改革實驗總體方案的規劃與執行

2011年底出台的「廈門市深化兩岸交流合作綜合配套改革試驗總體方案」（簡稱：廈門綜改方案）主要的重點就是要將廈門市打造成「一區三中心」：「一區」就是兩岸新型產業和現代服務業的合作示範區，「三個中心」就是貿易中心、航運中心，和金融中心。

1.兩岸新型產業和現代服務業的合作示範區

目前已完成「兩岸新型產業和現代服務業的合作示範區發展改革規劃」（簡稱示範區規劃）的編制工作，規劃總面積156平方公里，包括金融商務、保稅物流、綜合服務、文化旅遊、新興產業等，核心區在翔安區規劃45平方公里，計畫深化與台灣產業對接，在節能環保、文化創意、研究設計等引進龍頭產業項目。

2.兩岸金融服務中心

2012年9月福建省省委省政府通過支持廈門建設兩岸區域性金融服務中心若干意見，廈門成為大陸首家建立兩岸跨境人民幣結算清算的城市，廈門與台灣共有12家六對銀行簽訂了跨境人民幣代理清算協議，2012年兩岸跨境人民幣清算量約200億元，佔全中國大陸的七分之一，廈門金融區高樓相繼動工，吸引海內外金融機構入駐企圖心明顯。現階段廈門兩岸金融中心以引進更多境內外實力雄厚的金融類企業總部落戶為主要目標。2013年兩岸簽署服貿協議，中國大陸針對台灣在福建投資金融業專門列有優惠措施，台資銀行在福建設有分行，可以提出在福建省設立異地分支機構的申請，並同意台資合併持股比例可達51%[21]。

3.兩岸東南航運中心

航運中心方面，打造廈門成為開放型經濟的主要門戶，建成亞太地區重要的集裝箱樞紐港和國際郵輪母港，積極爭取無紙化通關試點，打造世界首座第四代自動化集裝箱碼頭。目前總投資55億元的東南國際航運中心總部大樓及遠海港口自動化試點項目已開工建設。

---

[21] 羅添斌，2013，〈中國對台開放80項，閩投資優惠佔14項〉，《自由時報》，6月24日，第A3版。

4.對台灣貿易中心

規劃要提升大宗商品集散功能,打造台灣農產品、特色商品大陸集散分撥基地,加快大嶝對台小額商品交易市場擴建工程,建設兩岸航空冷鏈業務轉機試點、輸台藥材集散中心。目前,廈門已成為中國大陸進口台灣水果與稻米的最大口岸,大嶝對台小額貿易交易市場免稅額也從三千元提高到六千元[22]。

面對上海2013年成立自由經貿試驗區競爭挑戰,廈門正積極向北京中央爭取成為下一個「自貿區」,使廈門成為更自由、更便利、更友善的經貿投資環境。

第三節　現階段海峽西岸經濟區的成效評估

現階段「海西區」相繼被納入大陸「十一五」、「十二五」規劃,自2009年開始通過「關於支持福建省加快建設海峽西岸經濟區的若干意見」一連串國務院政策背書,到2011年「海峽西岸經濟區發展規劃綱要」、「平潭綜合實驗區總體發展規劃」與「廈門市深化兩岸交流合作綜合配套改革試驗總體方案」陸續出台,以及兩岸簽訂「兩岸經濟合作架構協議」服貿協議,刻意拉升「海西區」的特殊地位等,都可以看到北京中央到福建地方為「海西區」建設發展給予強力的支持與背書,但其現階段實際整體發展成效如何?如何進行客觀評價?是本節的分析重點。

---

[22] 蔣升陽,2012,〈廈門大嶝:對台小額商品交易免稅額調至6000元〉,《人民網》,11月1日電,參見網站http://finance.people.com.cn/BIG5/n/2012/1102/c1004-19472384.html。

首先「海西區」主要發展仍以福建省為主力，雖然浙江、廣東、江西三省部分城市被納入海西範圍，但真正配合「海西區」規劃發展可能相當有限。若以對台灣招商引資的角度而言，「海西區」發展是否成為中國經濟發展新的「增長極」，或是對台產業吸引增長速度的角度而言，恐怕難能樂觀，根據台灣經濟部投審會統計，自1991年至2013年台資在中國大陸的地區分佈，福建雖有地緣、文化與政策等三大優勢，但僅吸納所有對中國大陸投資比重約7%左右，比起上海市（15.8%）、江蘇省（32.8%）、廣東省（20%）都有明顯差距。[23]就算以最新年度2013年1至7月計算，福建省更下挫到僅有5.1%，上海市（37.6%）、江蘇省（24%）、廣東省（11.3%），數字顯示福建對台對接的成效，現階段仍看不出明顯績效（如表【5-3-1】）。

表【5-3-1】：核准台商對中國大陸投資統計－地區別

（單位：百萬美元（US＄milllion），%）

期間	2013年1-7月			1991-2013年7月累計		
地區	件數	金額	佔總金額比重	件數	金額	佔總金額比重
上海市	60	2,124.0	37.6	5,665	20,592.5	15.8
江蘇省	69	1,35.1	24.0	6,576	42,621.3	32.8
廣東省	88	635.7	11.3	12,717	26,296.9	20.2
河南省	4	305.9	5.4	276	923.7	0.7
福建省	26	290.6	5.1	5,543	9,063.8	7.0
四川省	8	156.7	2.8	477	2,846.4	2.2
北京省	13	143.5	2.5	1,245	2,112.2	1.6

---

[23] 相關數據請參閱《兩岸經濟統計月報》，台北，行政院大陸委員會印行，台灣經濟研究院編撰，第245期，2013年9月出版，頁2-10。

浙江省	20	130.0	2.3	2,120	8,292.5	6.4
湖北省	5	104.2	1.8	569	1,524.6	1.2
重慶市	3	70.1	1.2	267	1,954.8	1.5
其他地區	26	326.4	5.8	5073	13905.1	10.7
合計	320	5,644.2	100.0	40,528	130,133.8	100.0

資料來源：中華民國經濟部投資審議委員會

一、現階段「海西區」發展成效評估

1.整體建設發展

　　大陸出版的「海峽西岸經濟區發展報告2012」提出整體的分析評估報告，指出經濟區體質好壞與基礎設施素質息息相關，作為「海西區」經濟社會發展重要的支撐體系，包括交通運輸體系與基礎建設，雖然「海西區」的鐵公路、港口機場逐漸完善提升，但與珠三角、長三角的鐵公路網相比，仍然存在鐵公路等級有待提升、結構不合理；現有區內港口資源缺乏有效整合，區域內競爭格局混亂等問題。2010年「海西區」最大港廈門港以13930.5萬噸的貨物吞吐量和582.43萬個標準貨櫃位居全中國各主要港口的第15位和第7位。若以「海西區」福建六個主要港口計算，吞吐量與貨櫃量僅佔全國的2.3%與6.5%，且近年有下降趨勢（洪永淼，2012：13）。

　　在「海西區」製造業綜合競爭力也出現主導產業競爭力支持單一、多元競爭格局尚未形成；區域間產業關聯與配置能力偏弱；技術能力創新能力薄弱欠缺技術服務平台。根據大陸學者林民書等人調查「海西區」科研經費投入不足，製造業技術創新能力薄弱區域差距明顯，根據2009年數據，「海西區」R&D人員全年人數為91644人，僅佔全國比重的0.4%，R&D經費162億元僅佔

全國比重的2.8%，「海西區」R&D與GDP之比為0.65%，遠低於全國平均水平的1.71%（洪永森，2012：35）。

　　「海西區」作為外資投資亮點其成效如何？隨著經濟全球化與區域整合發展，外商在「海西區」的投資額也不斷增加，值得注意的是，用於固定資產投資的絕對數值不斷提升，但佔全部外資在全國固定投資比重卻不斷下降，顯示「海西區」發展，仍以內資仍為主要推動經濟成長力量，「海西區」吸引外資的優越性沒有發揮出來。以2010年而言，福建省各城市外商投資在固定資產總額的比重，都不超過10%，以比重逐年下滑（如表【5-3-2】）。

表【5-3-2】：福建省外商投資占固定資產投資總額比例（2000-2010年）

年份	固定資產投資總額（萬元）	外資（萬元）	外資佔固定資產投資比重
2000	1082.47	136.26	0.125879
2001	1134.48	132.01	0.116362
2002	1230.76	150.85	0.122567
2003	1507.87	124.06	0.082275
2004	1899.10	135.91	0.071565
2005	2344.73	132.95	0.056702
2006	3115.08	146.59	0.047058
2007	4321.74	215.67	0.049904
2008	5301.69	206.24	0.038901
2009	6362.03	200.43	0.031504
2010	8273.42	286.57	0.034637

資料來源：《福建統計年鑑2001-2011年》

　　以整個「海西區」20的城市在2010年實現固定資產投資總額13,984.94億元，其中外資為646.85億元，外資僅佔4.62%（如表【5-3-3】），海西20個城市中，其中漳州、麗水、莆田三市

利用外資比例最高在9%以上，贛州、龍岩、溫州、泉州、福州五市利用外資比重在5%-8%，揭陽、廈門、三明、潮州、寧德、撫州、南平、上饒、汕頭、衢州利用外資比重是1%-5%，至於梅州、鷹潭兩市則外資投資比重竟達不到1%。

表【5-3-3】：海西區20個城市外商投資占固定資產投資總額比重
（2010年）

投資類別 城市	固定資產投資 總額（萬元）	外資（萬元）	外資佔固定資產 投資比重
漳州	8,371,100	797,700	0.095292
龍岩	5,829,543	382,046	0.065536
三明	8,478,100	266,204	0.031399
福州	23,174,379	1,193,040	0.051481
廈門	10,099,850	342,150	0.033877
南平	6,220,150	129,149	0.020763
莆田	4,965,196	450,285	0.090688
寧德	3,717,100	87,145	0.023444
泉州	12,508,091	643,929	0.051481
鷹潭	2,419,651	11,900	0.004918
撫州	6,473,990	137,193	0.021191
上饒	9,460,000	194,204	0.020529
贛州	7,810,000	556,638	0.071272
揭陽	5,640,729	221,184	0.039212
汕頭	3,616,754	73,056	0.020199
潮州	1,828,000	52,731	0.028846
梅州	1,955,166	14,654	0.007495
麗水	3,203,769	315,401	0.098447
溫州	9,259,795	509,558	0.055029
衢州	4,818,048	90,308	0.018744
海西區	139,849,411	6,468,475	0.046253

資料來源：各城市之《2010年統計年鑑》整理所得

2.現階段平潭綜合實驗區的成效評估

作為「海西區」規劃發展的重要「增長極」之一，以及「先行示範區」，「平潭特區」無疑是觀察現階段「海西區」發展成效的重點，作者曾率團曾赴平潭考察得出下列心得與結論。

（1）宣傳消費「臺灣」，目的發展自己

大陸福建省與平潭綜合實驗區自2010年起大打「臺灣牌」，大陸的官員與學者一致指出，福州與平潭主要目的在爭取北京中央政府給予平潭特殊政策，沒有打著臺灣旗號，北京中央的優惠特殊政策就下不來，但其主要目的在於發展福建自己經濟。

平潭綜合實驗區因有中央強力背書，地方福建敲鑼打鼓，喊出「平均一天投入一個億（人民幣）」，「一年一個樣」的平潭速度來形容平潭建設的投資巨大與快速改變，最近一年又改稱「一年燒兩個億」等等。然而。根據大陸學者與政府研究人員透露，大陸政府實際投入平潭島資金僅14億元，其他則靠國有企業先圈地投資基礎建設，日後再賣地獲利，造成目前土地炒作日益高漲，成為平潭發展的隱憂。對於平潭投資口號，國臺辦官員指出「只有福建在講，北京沒講」，部分大陸學者也多有不認同，顯示大陸內部對於平潭過於高調的宣傳手法，已逐漸出現檢討聲浪。至於，平潭高調喊出「兩岸共同家園」口號與高薪招募臺灣一千位人才進駐平潭綜合實驗區管委會（中國大陸福建省政府機關）工作，引發臺灣政府高度重視不得不出面澄清。

（2）口惠實不至，臺商苦撐待變

根據研究團隊實地調研發現，平潭島發展至今仍停留在「口惠而實不至」階段，過度不實宣傳，至今仍未封島進行特殊海關監理[24]，就積極展開各種優惠招商，部分受到宣傳影響而至

---

[24] 平潭綜合實驗區相關官員原宣稱2013年內進行「一線放開、二線管住」的海關特殊監

平潭投資的臺商先行者，目的皆只為「卡位」，但莫不感到撐得很辛苦。

強調「一年一個樣」的平潭速度，原本計畫2013年內進行平潭封關，實施「一線放開、二線管住」的海關特殊監理，但要在平潭面積400平方公里，全島居民40萬人，要進行自由貿易港區規劃，涉及各種不同產業目錄與優惠稅則目錄適用，海關監理十分複雜執行困難，目前進度不如預期。

（3）「前海特區」不可能，「平潭特區」更不可能

根據北京學者透露，平潭海關特殊模式是模仿「前海深港現代服務業合作區」，2013年作者曾赴香港，與曾負責香港特區政府參與「前海」規劃顧問進行座談，得知「前海」自貿區規劃目前也因產業目錄與稅則目錄的討論，執行上出現爭議，進度不如預期，2013年已不可能完成自貿區的海關特殊監理。綜合中、港學者專家，深圳「前海」僅十餘平方公里、並無人口居住在「前海」，若連「前海」在2013年前無望完成封關，平潭封關難度更高，更不可能在2013年內實施。

雖然目前平潭仍在加緊進行基礎建設，實際要對外資與台商有吸引力，就連負責平潭業務的實驗區官員表示仍也公開表示：「還需要三年時間努力規劃建設，才能對台商有真正的吸引力。」

3.廈門綜改區的實施成效評估

然而根據作者實地調研，根據廈大學者訪談表示，廈門綜改區一年多了，進度方面其實大家都很著急。在硬體的基礎建設的方面是可以「操之在我」的，進度較為明確，可是在軟的政策層面，往往就需要中央政府北京授權，權限不在地方政府。所以，

理，但因故延後，目前設定2014年6月以前封關運作的新目標。

地方政府現在只能做一些基礎建設方面的事情。所以目前看起來在建設層面有所成效，但在政策的方面的成效卻沒有看到。進展緩慢方面具體的說是政策落實方面的進展緩慢。根據2013年初廈門市政府推動「綜改方案」，共梳理5大類70多項改革事項，其中廈門重點推動事項有39項，向上爭取者政策有39項[25]。這顯示廈門在落實「綜改方案」遭遇一定程度的困境。

廈大台研院經濟所所長唐永紅認為「海西區」的「平潭島」規劃或是廈門的「綜合配套改革試驗區」（簡稱：綜改區）規劃至今實施成果，基本上是「成效不彰」。唐永紅認為主要原因包括：一、是缺乏「頂層設計」，亦即特區規劃完整配套的「特區立法」。事實上，只有中央政府才有「先行先試」授權的權限，沒有中央政府主導與授權，地方政府根本不敢做也無法做；二是缺乏相關推動的中央「專責機構」，「特區」規劃與執行必須進行大量協調工作，包括地方與中央、地方之間，條條塊塊若沒有專責推動機關，很難推動，因此地方只能不斷向中央請求項目，展開了地方與中央的長期博奕（大陸稱：地方政府向中央政府各機關協調請求的過程，稱為跑步運動），加上周邊省份整合協調難以進行。因此現階段出台規劃，細部政策落實緩慢、而且大都不具操作性。

福州研究機構福建省社科院經濟所伍長南指出，「海西區」與「平潭」的規劃與請求項目都是「地方申請提出，中央審核通過」，推動的主體在地方，因此部門之間的協調與溝通進展緩慢，是成效不彰的主要因素。因此，目前整個「海西區」規劃進度，比較明顯的就是地方政府可以在「操之在我」的硬體建設有

---

[25] 陳光豪，2013，〈廈門確定70多項改革事項紮實推進一區三中心建設〉，《廈門網》，1月24日，參見網站http://news.xmnn.cn/a/xmxw/201301/t20130124_2967635.htm。

些進展，但福建地方政府在軟的政策並沒有得到太多授權，導致成效不彰。

此外，唐永紅也認為大陸官方大都還是泛政治思考，例如狹隘的園區思想，認為有園區規劃就會有產業聚落，如在翔安範圍設立台商投資區，在平潭設立實驗區，以為就可以招商引資，卻未曾好好深究要拿什麼去吸引去對接，而都是部門利益的本位思考，卻不按經濟規律辦事，到頭來又回到原點。以「海西區」規劃來看，既有是補償福建落後發展以及發展「兩岸關係」考量，但未來「海西區」戰略若縮小成只是「平潭戰略」，將有極大的機會成本，例如時間成本，平潭並不具有最佳的區位優勢條件，只有政治平衡考量、忽略經濟邏輯。華大廈門工學院陳克明教授認為，平潭島的計畫是「在不太合適的地方，做正確的事」。

二、台灣政府對「海西區」的態度

1.民進黨政府時期刻意抵制

2004年開始將「海西區」的構想提升為福建省發展新戰略，甚至於2005年大陸政府首次將「支持海峽西岸和其他台商投資相對集中地區的經濟發展」寫入中國十一五規劃，但台灣方面正值民進黨執政，而被特意抵制。當時大陸當局唯有與福建省聯手規劃「海西區」與開辦「海西論壇」等，積極對台展開招商引資之各項優惠與籠絡，以累積「以經促政」的對台影響力，當時台灣政府方面採取抵制閩台各項交流合作政策，加上「海西區」本身客觀經濟條件優勢不足，使得「海西區」推動上成效甚為有限。

2.馬政府的不主動政策配合到雙方首次協議

2008年台灣政黨輪替，兩岸重啟兩會協商並簽訂多項協議，兩岸關係趨於緩和，推動「海西區」有了較佳的外部環境。2009

年開始北京中央政府批准同意由福建地方提出各項「海西區」規劃構想，除了發展福建本身經濟之外，最主要是為了解決「台灣問題」，包括有關「海西區」相關的政策提出，包括「國務院關於支持福建省加快建設海峽西岸經濟區的若干意見」、「海西區總體規劃」、「平潭綜合實驗區總體發展規劃」、「廈門市深化兩岸交流合作綜合配套改革試驗總體方案」等，與台灣經濟對接考量都有「以經促政」的戰略目的，加快推進這些各項「海西區」的建設發展，都是「為了推進中國與台灣和平統一大業發展發揮更大的作用」。

馬英九政府對於中國大陸「海西區」的政經意圖，為了兼顧兩岸和平穩定合作交流發展，基本上是採取「政策不主動配合的立場」，對台灣企業是否選擇「海西區」交由市場決定。直到2013年兩岸簽署服務貿易協議，在中國政府片面讓利或堅持下，雙方達成金融產業得在福建地區優先市場准入與相關優惠措施，算是開啟了兩岸政府首次攜手以兩岸協議方式，共同發展「海西區」。

三、未來可以新突破──金廈跨域經濟合作

未來「海西區」發展，台灣政府方面會擔心大陸持續「以經促政」的政治壓力，尤其提出所謂兩岸共同家園的構想，招募台灣人才擔任政府機構職務等，都會令台灣政府保持一定程度的警覺性。然而「海西區」主要的目的還是地方福建追求發展自身的經濟需求，對於全球性區域經濟整合的大趨勢，台灣政府面臨「海西區」的政經挑戰，有必要提出一套新戰略構想。

從次區域經濟合作的理論而言，美國學者Scalapino提出了「自然經濟領土」（natural economic territories, NETs）的概念，說

明了生產要素充分互補後所帶來的經濟成長與經濟體系的建立。以金門為例，金門島嶼面積150餘平方公里，比廈門島略大，離廈門港口僅10公里，在地緣與文化上與廈門關係密切，相對與台灣的距離，金廈兩地是標準的自然經濟領土，加上廈門作為海西區的示範區正在強化各種自由化與開放措施，極可能繼上海之後將成為中國第二個「自由經貿實驗區」。台灣政府正在積極推動經濟自由化措施，規劃「自由經濟示範區」之際，金廈雙方在兩岸各自自由化的相互努力過程中，更能發揮「自然經濟領土」的優勢。台灣政府可思考將金門作為與海西區對接的戰略選擇，一方面迴避台灣與海西區直接經濟對接的政治風險，另方面利用金門與大陸廈門在次區域經濟合作的共同需求，推出「金門」作為與「海西區」的示範實驗區，積累與海西區經濟合作經驗，為深化兩岸合作創造條件。

（作者於平潭參訪現場拍攝）

圖為2014年平潭綜合實驗區兩岸小額貿易商城，共有39棟閩南建築規模龐大，已正式啓用中，成為平潭對台經濟對接新模式。

第六章

「粵港澳合作框架」或「海峽西岸經濟區」的制度與成效比較

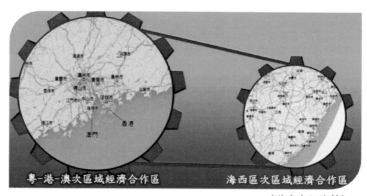

（作者自行繪製）

「粵港澳合作框架」具有帶動「海峽西岸經濟區」的制度垂範效果

從中國大陸發展次區域政經整合戰略的角度，針對台港澳區域的對接整合，包括與港澳對接的珠三角「粵港澳合作框架」，以及與台灣對接的「海峽西岸經濟區」。在政策整個推動時程與節奏上，「海西區」規劃與落實明顯落後於珠三角地區「粵港澳合作框架」次區域整合，由於決策過程中有時間先後之別，且港澳模式垂範台灣的慣性思維，使得規劃「海西區」制度有了港澳模式可以加以參照與學習，因此「海西區」制度的規劃與實施有「參照」珠江三角洲與粵港澳整合模式的經驗，這是本章論證的重點之一。

　　從運作成效角度而言，做為中國大陸兩個最重要的次區域經濟合作區，「粵港澳合作框架」與「海峽西岸經濟區」自實施運作以來，兩個次區域合作實施成效各有差異，所遭遇問題與挑戰有類似也有不同，比較珠三角粵港澳實施成效與「海西區」的差異，也可以分析出影響次區域經濟整合的主要變項為何？

第一節　「粵港澳合作框架」與「海峽西岸經濟區」制度比較探討

一、「粵港澳合作框架」與「海峽西岸經濟區」制度參照模仿

1.粵港澳次區域整合模式

　　中國大陸提出珠三角廣東與港澳之間的「粵港澳合作框架」，以及以福建為主與台灣對接的「海峽西岸經濟區」，就目前主要出台的制度文件內容而言，有許多制度模仿與模式參照的地方。

依照中國大陸對香港、澳門經濟對接模式，作者赴北京專訪發改委相關學者歸納中國大陸內地與香港次區域整合模式有六項不同層次、不同梯次的經濟對接模式（如圖【6-1-1】），其中在制度運作具有意義主要有：（1）以2003年中國大陸與港澳簽訂更緊密的經濟夥伴的安排CEPA層次，（2）2008年「珠江三角洲地區改革發展規劃綱要」，（3）2010年、2011年簽署的粵港、粵澳合作框架協議，（4）前海深港現代服務業合作區總體發展規劃、橫琴總體發展規劃等四個主要不同層次的重要制度。

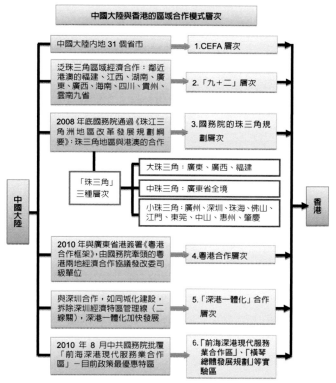

圖【6-1-1】：中國大陸與香港的區域合作層次

作者自行製表

2.海西區對台灣次區域整合模式

　　海西區與臺灣之間次區域合作運作模式，在制度規劃有明顯參照中國大陸與香港次區域整合模式與發展路徑。包括：一、2010年簽署「兩岸經濟合作框架協議」ECFA，這是大陸全區域性對臺的整合，二、2011年出台的「海峽西岸經濟區發展規劃」，在「海西區」層次上與臺經濟對接規劃模式，三、2011年為落實上述「兩岸經濟合作框架協議」、「海西區的發展規劃」相繼成立「平潭綜合實驗區」、「廈門市深化兩岸交流合作綜合配套改革試驗總體方案」（簡稱：廈門綜改方案）如圖【6-1-2】。

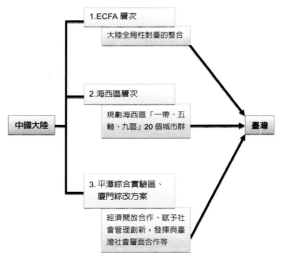

圖【6-1-2】：中國大陸對臺灣的區域整合模式

作者自行製表

3.粵港澳模式與海西區模式的制度參照模仿

　　從北京決策機構處理「一國兩制」政經對接思維與將港澳模式垂範台灣的經驗，可以得知中國大陸處理粵港澳與海西區這兩

種次區域經濟合作的整合模式，是具有類似制度模仿的相似性，例如從全區域對接的概念，中國大陸與港澳有CEPA，中國大陸與台灣有ECFA；從粵港澳次區域的層次，粵港澳次區域經濟合作有「珠江三角洲地區改革發展規劃綱要」，粵港澳為落實規劃綱要又彼此簽訂「粵港合作框架」、「粵澳合作框架」；海西區次區域經濟整合則有「海峽西岸經濟區發展規劃」；從設立示範實驗區或是合作核心區的角度，粵港澳有前海、橫琴、南沙三個實驗示範區，海西區則設立平潭、廈門兩個主要示範區作為海西區的主要亮點與對台抓手。綜上言之，這兩個中國大陸對台港澳次區域的整合制度具有明顯制度相似性，而依照制度出台先後，粵港澳合作的次區域經濟合作又具有「制度垂範」海西區次區域的制度模仿情形出現（如表【6-1-1】）。

表【6-1-1】：「粵港澳合作框架」與「海峽西岸經濟區」制度對照

區域整合	廣東／香港	廣東／澳門	海西區／台灣
與中國大陸協議	更緊密的經濟夥伴的安排CEPA	更緊密的經濟夥伴的安排CEPA	兩岸經濟合作架構協議ECFA
次區域	珠江三角洲地區改革發展規劃綱要 粵港經濟合作框架粵澳經濟合作框架		海峽西岸經濟區發展規劃
實驗區	深圳前海區、南沙	珠海橫琴半島、南沙	平潭綜合實驗區、廈門市綜改方案

作者自行製表

　　從內容分析法的角度，珠三角粵港澳合作框架最主要的規劃方案是2008年國務院通過的「珠江三角洲地區改革發展規劃綱要（2008-2020年）」，海西區推動則是2011年「海峽西岸經濟區發展規劃」，這兩套中國大陸對台港澳次區域經濟合作的制度方案進行內容結構的比較分析，發現方案的內容結構與章名標題安排，竟有多處雷同（如表【6-1-2】）。因此有可能這兩個次區

域整合規劃方案出自相同的規劃團隊與決策機構，並可進一步推論，通過與實施較早的「珠江三角洲地區改革發展規劃綱要（2008-2020年）」的研究者或決策者，對海西區的制度規劃具有某種程度的影響力。另方面，作者也收集其他中國與其他國家跨邊境次區域合作規劃方案，因涉及兩國合作方案，都沒有「粵港澳」與「海西區」之間具有「制度模仿」或「經驗參照」如此類似的情形出現。

表【6-1-2】：珠江三角洲地區改革發展規劃綱要與海峽西岸經濟區發展規劃比較

	珠江三角洲地區改革發展規劃綱要（2008-2020年）日期：2008年12月	海峽西岸經濟區發展規劃 日期：2011年3月
前言		
第一章	加快珠江三角洲地區改革發展的重要意義	發展基礎
第二章	總體要求和發展目標	總體要求和發展目標
第三章	構建現代產業體系	空間佈局
第四章	提高自主創新能力	構築兩岸交流合作的前沿平臺
第五章	推進基礎設施現代化	加快建設現代化基礎設施
第六章	統籌城鄉發展	構建現代產業體系
第七章	促進區域協調發展	統籌城鄉和區域協調發展
第八章	加強資源節約和環境保護	加強區域合作
第九章	加快社會事業發展	加快社會事業發展
第十章	再創體制機制新優勢	加強生態文明建設
第十一章	構建開放合作新格局	提升改革開放水準
第十二章	規劃實施的保障機制	規劃實施的保障措施

作者自行製表

二、平潭綜合實驗區與「前海、橫琴、南沙」 實驗區模式制度相近

　　為釐清福建「平潭模式」與廣東「前海、橫琴、南沙」特區決策思考，曾赴北京拜會相關決策官員與參贊學者。雖然大陸官員與學者不斷重申「平潭島」規劃與「一國兩制」無關，對臺灣官方將平潭島視為「一國兩制實驗區」感到不解，他們的理由主要以「境內、境外」的概念，強調「一國兩制」只會在港澳臺實施，不會在中國大陸境內實施，認為臺灣政府方面過度解讀，誤解平潭是「一國兩制實驗區」。

　　但若著眼於制度設計，「海西區、平潭島」規劃與制度運作與粵港澳的規劃與制度運作的比較具有高度關聯性與相似性，特別是深圳「前海」特區與香港、珠海「橫琴」與澳門之間，在維繫與操作「一國兩制」模式具有高度相似性，而且也被相關官員證實。例如像類似平潭海關特殊監理模式，在中國大陸而言有類似的個案嗎？國臺辦經濟局相關官員表示，現在類似的特區有三個，廣東珠海橫琴（對接澳門）、深圳前海（對接香港）、以及福建平潭（對接臺灣）。發改委地區發展局相關官員也指出，「對臺灣的交流與合作實際上是海西規劃中比較吃重的部分，如同在廣東的前海區一樣，是為了發揮廣東與香港之間的合作優勢；同樣地，橫琴與澳門僅一水之隔，即是為了發揮對澳門的合作優勢，海西區的平潭島亦是旨在在發揮對臺合作與交流的優勢」，因此這些特區中扮演先行示範區的角色，北京中央會賦予一些特殊的優惠與政策，因此這些特區會有一些類似制度設計（見表【6-1-3】），先後實施的廣東與港澳對接等三特區的制度，自然也會對海西的平潭與廈門產生經驗垂範與制度模仿的效果。

表【6-1-3】：「平潭、橫琴、前海、南沙」四個特區比較

	平潭綜合實驗區	橫琴新區	前海深港現代服務業合作區	南沙新區
地理位置	福建省福州市平潭縣	廣東省珠海市橫琴鎮	廣東省深圳市南山、寶安區	廣東省廣州市（原番禺區）
面積	370.9平方公里	8 6 平 方 公 里（澳門大學校區1.09平方公里）	14.92平方公里	803平方公里
戶籍人口	42萬人	約7000人[26]	無	36.61萬人[27]
常住人口	暫無資料	約4200人[28]	無	62.33萬人[29]
規劃文件	2011年12月19日《平潭綜合實驗區總體發展規劃》	2009年8月14日《橫琴開發總體規劃》	2010年8月26日《前海深港現代服務業合作區總體發展規劃》	2012年9月6日《廣州南沙新區發展規劃》
管理單位	平潭綜合實驗區管理委員會	珠海橫琴新區管理委員會	深圳市前海深港現代服務業合作區管理局	廣州南沙經濟技術開發區管理委員會
現任領導人	李德金（平潭綜合實驗區黨工委書記、管理委員會主任）	劉佳（珠海市委常委、橫琴新區黨委書記）牛敬（市委委員、橫琴新區黨委副書記區管委會主任）	張備（黨組書記、管理局局長）	丁紅都（區委書記、管委會主任）

---

[26] 橫琴新區管理委員會，2013，橫琴概況。
[27] 廣州市南沙區政府，2012，2012年廣州南沙區國民經濟和社會發展統計公報。
[28] 同註26。
[29] 同註27。

發展定位	兩岸交流合作的先行區、體制機制改革創新的示範區、兩岸同胞共同生活的宜居區、海峽西岸科學發展的先導區——兩岸同胞合作建設、先行先試、科學發展的共同家園	「一國兩制」下探索粵港澳合作新模式的示範、深化改革開放和科技創新的先行區、促進珠江口西岸地區產業升級發展的新平臺	粵港現代服務業創新合作示範區，由深港兩地合作發展現代服務業以促進產業結構優化升級，承擔現代服務業體制機制創新區、現代服務業發展集聚區、香港與內地緊密合作先導區、珠江三角洲地區產業升級引領區	足廣州、依託珠三角、連接港澳、服務內地、面向世界，建設成為粵港澳優質生活圈和新型城市化典範、以生產性服務業為主導的現代產業新高地、具有世界先進水準的綜合服務樞紐、社會管理服務創新試驗區，打造粵港澳全面合作示範區
合作對象	臺灣－福建（閩北）	澳門－珠海（泛珠三角）	香港－深圳（泛珠三角）	廣州－港澳
產業導向	先進製造業基地，電子資訊、海洋生物、清潔能源、低碳經濟	休閒旅遊、商務服務、金融服務、科教研發、文化創意、中醫保健、高新技術[30]	金融業、現代物流業、資訊服務業、科技服務和其他專業服務業	高端服務業、科技智慧產業、臨港先進製造業、海洋產業、旅遊休閒健康產業
戰略歸屬	「海峽西岸經濟區」	「粵港澳合作框架」		

作者自行製表

---

[30] 橫琴新區管理委員會，2013，產業定位。

三、平潭、前海特區部際協調機制的相類似性

　　針對平潭綜合實驗區、前海深港現代服務業合作區已上升為國家戰略層次，為順利準備封島作業，進行海關二線特殊監理，涉及相當複雜的協調，而平潭、前海等自身無法協調，必須由國務院發改委牽頭各相關部委、省政府進行有效協調，才能實踐有效推動政策，研究團隊這次出訪北京透過國臺辦努力爭取，有機會進入國務院發改委與地區經濟司相關官員進行訪談，針對平潭島或其他實驗區，涉及地方與中央如何進行協調溝通，相關決策機制如何建立，得到相關承辦官員第一手的說明。

　　北京國務院發改委相關官員表示，這涉及許多各部委與省之間的溝通聯繫，為使工作有效推動，今年特別成立「平潭綜合實驗區部際聯席會議」，由中央相關各部委、各省市之副部際以上官員組成，由發改委主任擔任總召集人，副主任擔任召集人，並設立專屬辦公室，由發改委司級單位擔任幕僚人員，處級負責聯絡工作，開會地點視情況而定，目前大部分會議在北京召開。前海深港現代服務業合作區的部級聯繫會議的組成與運作也與平潭類似。例如產業目錄、優惠目錄的出臺，涉及相當多的單位機關,定案後,再交由海關總署來具體運作，就必須「省部際聯繫會議制度」來負責所有聯繫溝通協調，做出決定來。

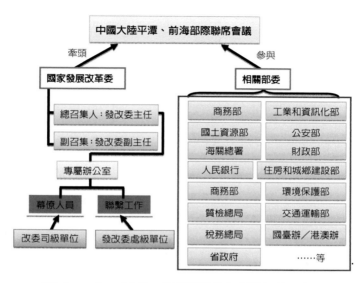

圖【6-1-3】：平潭、前海部際聯席會議組成示意圖

作者自行製作

第二節　「粵港澳合作框架」或「海峽西岸經濟區」成效比較

一、CEPA與ECFA實施成效

　　香港CEPA與台灣ECFA的比較，就時間而言，在CEPA已實施七年後，ECFA才簽署，兩者進度自然不同，CEPA目前已達第10個補充文件。CEPA與ECFA都是框架協議，需要雙方日後不斷協商加以補充，至2013年9月CEPA與ECFA進展如表[6-2-1]所列。

表【6-2-1】：ECFA與CEPA比較表

中文名稱	內地與港澳關於建立更緊密經貿關係的安排	海峽兩岸經濟合作架構協議
英文名稱	Mainland and Hong Kong Closer Economic Partnership Arrangement	Economic Cooperation Framework Agreement
英文簡稱	CEPA	ECFA
簽署日期	2003年6月29日	2010年6月29日
共同目的	消除區域間之貿易障礙，促進貿易自由化	
簽署方式	簽署後，逐步實現貨物貿易自由化、服務貿易自由化和貿易投資便利化的各項措施	先簽署，訂定架構及目標，在可預期期限內，逐步完成具體細節談判（多步到位）
簽署對象	屬於一個國家內的安排	台灣與中國大陸
特色	緊密性	框架性
進程	2004年10月27日 簽署《補充協議》 2005年10月18日 簽署《補充協議二》 2006年6月27日 簽署《補充協議三》 2007年6月29日 簽署《補充協議四》 2008年7月29日 簽署《補充協議五》 2009年5月9日 簽署《補充協議六》 2010年5月27日 簽署《補充協議七》 2011年12月13日 簽署《補充協議八》 2012年6月29日 簽署《補充協議九》 2013年8月29日 簽署《補充協議十》	2010年9月12日 生效實施 2011年1月1日 ECFA早期收穫計畫貨品貿易開始降稅 2011年1月1日 實施第2階段4項服務業早期收穫項目 2011年1月6日 設立「兩岸經濟合作委員會」 2012年1月1日 ECFA早期收穫計畫貨品貿易第2階段降稅 2013年1月1日 ECFA早期收穫計畫貨品貿易第3階段降稅 2013年6月29日 雙方簽屬《海峽兩岸服務貿易協議》

資料來源：中華民國經濟部，2013，ECFA兩岸經濟合作架構協議大事紀；香港特別行政區政府工業貿易署，2013，更緊密經貿關係的安排。
（作者自行製表）

因香港已是自由港且開放所有市場，所以CEPA後續的補充協議對香港而言就是逐步享受進入中國大陸的市場，尤其是服務貿易部分，每年平均簽署一份補充協議，至今已簽署第10份補充協議。而ECFA卻不同，除了是大陸與台灣政治問題難以解決之外，雙方產業出現競合現象，彼此市場開放也會引發社會不同程度爭論。

整體而言，在中港CEPA進展較兩岸ECFA整合大為順利，主要原因也是因為政治因素問題，台灣社會對於中國大陸「以經促政」的統一戰略並不放心所致。而香港沒有這種政治顧忌，但香港卻已出現擔心經濟利益被移轉至中國內地的疑慮。

二、粵港澳合作框架與海峽西岸經濟區的實施成效比較

由於「粵港澳合作框架」是超越CPEA的更緊密區域制度整合安排，而「海西區」則是在兩岸簽署ECFA之後，中共進一步超越ECFA既有規範的惠台優惠政策區域，兩者確實因為有許多值得類比之處，而可以作為區域整合研究中的重要經驗論證基礎：首先，「粵港澳合作框架」是中國大陸與香港在既有的CEPA基礎上，更超越CEPA的制度性設計，從中共的角度來看，其戰略目標當然是為了要讓已經「統一」的香港和中國大陸，在「整合」的面向更往前跨進一步，進而以國家力量介入、主導、強化粵港之間比CEPA更能夠快速整合的合作關係。其次，隨著兩岸簽署ECFA後，也推出加強政策力道的「海西區」，不僅打著對台政策「先行先試」的大旗，甚至更進一步喊出「共管共治」的口號，也可以看出中共希望在海西區中，找出一條提供海峽兩岸更為緊密制度性安排的政治企圖（王智盛，2009）。廈大

台研院經濟所所長唐永紅在接受訪談時也指出，「海西區到平潭島的規畫、廣東到香港－澳門間的規畫，都是國務院發改委的規畫，規畫內有某種相似性，例如香港跟中國的有CEPA走到第十年，兩岸的ECFA還在首步並未跨出第二步，接下來福建有海西、粵港有粵港合作框架、粵澳有粵澳合作框架，另外實驗區方面，香港有前海、澳門有橫琴，福建有平潭或廈門綜改區，國務院發改委規劃架構蠻類似的」，[31]可知，無論是「海西／平潭」或是「粵港／前海」，都可說是北京當局為了加速中國大陸為和周邊次區域經濟整合所推動的整合模式。

然而，就粵港澳合作框架與海西區制度實施成效相較，暫時不論整合實施時間先後，可先從市場面與政策面進行分析。

1.市場面

與粵港澳經濟整合，自1980年代就已開始先透過「三來一補」模式，逐漸形成「先店後廠」格局。港澳產業結構逐步調整為以服務業為主的產業型態，經過三十年，香港是全球重要的金融中心、航運中心，澳門則成為國際矚目的博奕觀光、旅遊產業重鎮。而廣東省與港澳對接後，培養的本土企業，並成就了以出口導向型的高速經濟成長與工業化，成為「世界製造業基地」。

自2008年開始，珠三角與廣東省受國際金融危機影響加上外部威脅與自身結構調整的問題，珠三角經濟發展持續受到挑戰，導致珠三角也開始進行內部產業結構的調整，但受到內外雙重鎖定制約影響（張捷，2012：153-166），要實現經濟結構的轉型升級與經濟繼續平穩增長，必須朝向服務業對外開放、促進人力資本國際化、擴大內需、金融國際化等方向來努力，因此港澳地區的現代服務業是可以進一步借鏡，強化粵港澳的經濟深化融合，

---

[31] 2013年作者前往廈門與廈門大學相關學者訪談記錄內容。

是珠三角與廣東省重要的經濟戰略之一。雖然珠三角與廣東省經濟發展進入「轉型期」，但根據廣東省統計年鑑從1980至2010年其經濟GOP平均增長達13.13%，優於全中國的9.63%，2010年廣東省人均GDP為44736人民幣，全中國人均GDP為29748元，剛好為1.5倍。從市場面經濟客觀條件，珠三角的粵港澳無疑勝出「海西區」很多。

從第五章「海西區」討論，「海西區」因受客觀經濟條件影響，雖位於東南沿海列優先開放區，但在「珠三角」與「長三角」雙經濟核心夾擊下，相對出現經濟發展陷落現象，對台的區位、文化優勢也難抵經濟發展的客觀因素，台資前往「珠三角」、「長三角」投資仍以很大的比例多於「海西區」。

2.政策面

「珠江三角洲地區改革發展規劃綱要（2008-2020年）」是粵港澳進一步深化融合的重要規劃，也是落實CEPA的保障措施，相對地2011年出台「海峽西岸經濟區發展規劃」也是為落實兩岸ECFA協議，強化與台灣經濟整合為目標。但粵港澳三個屬於中國的「地方政府」，在合作上有中央的出面協調與保證，甚至相關制度協議與文件都由國務院核准，本身就是中央級與國家級的政策，在推行上比較順利。雖然「前海」特區與香港之間的利益衝突問題（第四章），內區大型基礎交通項目也出現利益摩擦現象，但基本上各級政府在推動粵港澳合作項目與運作協調大致順利。

此外，為保證「珠江三角洲地區改革發展規劃綱要（2008-2020年）」、陸港、陸澳CEPA能進進一步獲得落實，廣東省分別與香港、澳門進一步簽訂「粵港合作框架」與「粵澳合作框架」，目的使雙方合作更加緊密順暢，同時，為使粵港澳三方與北京中央各部委針對粵港澳合作項目得以協調順暢，也都設有部

際協調機制，以確保各項計畫能落實。「粵港澳」合作透過政府間雙向合作，充分溝通協調，都是「海西區」發展所沒有具備的條件，目前「海西區」發展主要是透過市場面的誘因吸納台商或台灣人才參與，但缺少台灣政府的參與與協調，「海西區」成效遠不如粵港澳合作。甚至因為海西區發展沒有考慮台灣政府法規與政策，甚至引發誤解與排斥作用，例如平潭綜合實驗區公開招募台灣人才任職就有抵觸台灣兩岸人民關係條例33條之虞。

「海西區」原本客觀經濟條件就不如「長三角」與「珠三角」，「海西區」又沒有兩岸政府參與合作，與台灣經濟整合對接成本勢必提高且成效有限，目前「海西區」整體對台經濟對接的成效一直無法顯現，「海西區」對台一直沒有太大吸引力，主要在於兩岸政府之間合作難以突破所致。

三、平潭與前海、橫琴實施成效比較

以「粵港澳」、「海西區」的核心合作區、先行示範區的設置成效加以比較。首先包括海西區的平潭、深圳的前海、珠海的橫琴，從制度設計的角度，這些實驗示範區都是過去設立特區，發揮增長極作用，再向周邊地區擴大實施的類似思維。

但若著眼於內容與模式運作觀點，「海西區、平潭島」規劃與中國大陸、廣東省與港澳的運作模式與關係發展，特別是深圳「前海」特區與香港、珠海「橫琴」與澳門之間，在維繫與操作「一國兩制」模式具有高度相似性。同時這種類似的操作模式，中共官員也證實，類似平潭海關特殊監理模式，在中國大陸的特區只有三個，包括：廣東珠海橫琴（對接澳門）、深圳前海（對接香港）、以及福建平潭（對接臺灣）。就連國務院發改委官員也指出，對港澳臺出臺政策具有某種相似操作性。對臺灣的交流

與合作，實際上是以規劃海西區與平潭為主；如同在廣東深圳的前海區一樣，是為了發揮廣東與香港之間的合作優勢；同樣地，橫琴與澳門僅一水之隔，即是為了發揮對澳門的合作優勢。海西區與平潭旨在發揮對臺合作與交流的優勢，因此，中央會賦予一些特殊的優惠與政策。[32]

誠如發改委官員所言：「平潭、橫琴、前海、南沙規劃的政策事實上都是發改委的地區司進行規畫的，在我們做這些規劃文件的同時勢必有彼此參照、借鑑的地方。這些政策規劃一方面要充分尊重地方發展的要求，例如平潭規劃的初稿便是通過福建與台灣共同來研究制定。」[33]評估平潭發展模式，未來可能循香港前海和澳門橫琴模式相互參照、齊頭並進。對此，國台辦經濟局相關官員表示，「中國大陸類似海關特殊監理的特區有三個，廣東橫琴、香港前海以及福建平潭……平潭在制定平潭綜合規劃中就參照橫琴海關監管政策。」[34]更顯知中共確實將「台灣／平潭」、「香港／前海」、「澳門／橫琴」的政策發展模式，放在同一個天平之上。

但實施成效上，相對於前海、橫琴都有粵港澳政府不同程度的參與，目前平潭或廈門出臺的政策，均以「操之在己」的為主，極易引發兩岸誤解與爭議，不利平潭發展，例如平潭「共同家園」的設計，由於雙方政府缺乏溝通，台灣擔心這種設計是「一國兩制」的實驗區，平潭要進一步與台灣對接必須思考與台灣方面溝通協調的問題

事實上，平潭「共同家園」的概念，可能連平潭綜合實驗區的官員自己來搞不清楚。作者曾北京調研，例如「共同家園」的

---

[32] 2013年4月作者前往北京拜訪國務院發改委相關官員訪談記錄。
[33] 2013年4月作者前往北京拜訪國務院發改委相關官員訪談記錄。
[34] 2013年4作者前往北京拜訪國台辦相關官員訪談記錄。

制度設計構想來自清華大學台灣研究所。清大臺研所鄭振清教授認為,平潭的「共同家園」從共同管理的社區自治模式做起,應該是著重在一種心靈上的概念,而非法律上的意涵。昆山試驗區是建立在原先就有良好居住環境、完善的基礎設施、良好的經濟發展與投資環境的條件下,進而進一步形成了關於「文化」的認同與融合,才讓「兩岸共同家園」的構想成為可能。而平潭至少仍需四到五年的時間進行基礎建設,再加上其後的文化交流與認同、共同管理的摸索與實踐,至少仍需十年的時間,才能看到平潭的成果。[35]清大台研所所長劉震濤也認為,「目前仍處於基礎建設階段的平潭,建議其對外姿態應該放低一些,避免引起過多的政治解讀與想像。」[36]

為了對應於平潭政策,作者曾前往香港及深圳前海進行訪談調查時,香港的學者也直指:平潭與前海的政策出台時間相仿,但兩者規模天差地遠(前海僅規劃10平方公里進行封關、平潭則是全島370平方公里封關),前海都不可能在2013年底完成封關,以平潭的規模更是不可能。更是突顯出了平潭要在2013年底之前完成封關的海關特殊監管制度,實在有其困難度。

1.海關監管困難不小,效應猶未可知

平潭尚有40萬人口,封關後如何管理還是難題。特別是比較香港前海和澳門橫琴,後二者不僅幾乎是無人之地,且地理面積遠遠不如平潭,後二者的封關對於當地政府(深圳/前海;珠海/橫琴)都已經是一項艱鉅而複雜的工程,而目前擁有40萬人口居住、面積超過370平方公里的評談島究竟要如何實施全島封關,更顯得困難重重。但若北京調動中央資源全力協助平潭特殊

---

[35] 2013年作者前往北京拜會清大臺研所相關座談紀錄。
[36] 2013年作者前往北京拜會清大臺研所相關座談紀錄。

政策的出台，例如交通基礎設施、產業優惠目錄、稅收優惠目錄、海關特殊監理等一一落實，研判平潭特區仍具有一定程度的市場誘因，但以目前進度而言，尚言之過早。2014年7月中旬，平潭完成貨物二線封關，正式邁向自由貿易島，總算開啟平潭特殊政策優勢，然而成效如何，尚待檢驗。

2.現階段平潭台商苦撐待變

2013年作者赴平潭調研發現，先來平潭投資台商大都為了「卡位」，相信平潭實驗區在北京中央背書下，未來的大發展指日可待，最近幾年大家撐得很辛苦，日子都不好過。

平潭台商籌備會會長李雲輝表示，現階段平潭台商日子很苦，醫療與交通不方便（連碼頭都未建好）、優惠措施細則沒有落實、但鼓勵大家來，這是因為將來會很好。目前長住平潭台商約100人，註冊92家，只圖先卡位尚未完全落實營業，台商抱怨對相關進度不瞭解，如預計在2013年才能完成海關監管也是作者前來考察時在座談會中才知道。

目前平潭長住台商們，除土地開發商李雲輝（福建平潭綜合實驗區台商協會籌備處總召集人）、李雲超（福建平潭綜合實驗區台商協會籌備處副總召集人）兄弟之外，基本上現大都處於「苦撐待變」局面，但都懷抱著未來平潭美好的遠景與商機，因此來此台商皆以優先卡位為主。因此，出現大家「叫苦連天」，但又鼓勵大家一起來投資的奇特現象。

例如擔任台灣美食廣場管委會主席柳廷順，招募了來自台灣23個攤位攤商，於平潭西航路商圈「海潭名街美食新天地西座」五樓成立「台灣美食廣場」，但因人潮不足，幾乎沒有賺錢，所幸租金採營業額的18%至28%抽成，目前仍咬牙苦撐。柳廷順指出，大家確實來早了，人潮確實太少，大家都慘淡經營，四樓的大陸與平潭美食街早已關門大吉，我們台灣人在平潭的生命韌性

發揮到極致，沒給台灣人丟臉，但依照合約堅持開業營運。柳主席帶研究團隊參觀準備春節開張「西航影城」，柳主席深盼期待電影城開幕能帶來人潮，對台商美食廣場生意可望帶來挹注，柳先生說這是他們在平潭所期待的第一個春天，也是硬撐下去的原因。然而，作者2014年再至平潭參訪，由台灣人經營的「台灣美食廣場」已拉下鐵門退出經營。

資策會轉投資知名的資訊服務管理公司——資拓宏宇，亦於平潭設立資拓宏宇（平潭）信息科技有限公司，該公司副總經理邱林盛表示，看準平潭未來可能的資訊服務管理龐大商機，雖然目前尚未接獲任何來自實驗區所委託的案子，相信平潭基礎建設告一段落後，配置各項管理軟體系統的需求才會出來，因此先從卡位的角度，期待未來商機。專門經營台灣食品的商人連鎮揚，在朋友介紹下來到平潭成立「台灣館伴手禮專賣店」，因平潭碼頭尚未竣工，主要台灣商品都自漳州引進，再運到平潭，目前可謂辛苦經營，但著眼未來平潭島採行特殊的海關監管措施後，可以免稅引進台灣鮮果與海鮮，對未來充滿期待。

至於深圳前海特區、珠海橫琴特區或是廣州南沙特區，作者曾親赴香港、澳門調研，一般港澳商界對投資前海、橫琴興趣很高，表達若有投資機會一定會前往投資的比例很多，就怕投資機會有限或門檻過度，但因前海、橫琴、南沙仍在基礎建設階段，目前仍無法判斷其作為先行示範區的成效如何。不過，隨著2014年橫琴首先封關運作，7月平潭也宣佈封關，相關特殊優惠政策才能被有效落實，實際成效尚待時間證明。

第三節　研究發現與政策建議

一、研究發現

1.「粵港澳」、「海西區」具有「地方利益、中央主導」的制度運作模式

從次區域合作的角度，地方政府往往是主要的利益團體，對次區域合作的創新制度建構，往往是基於利益的驅使，會透過自下而上要求中央政府給予制度政策的放權讓利。北京在處理「一國兩制」的理論與實踐，則往往具有由上而下的制度主導性，因此無論是珠三角的「粵港澳合作框架」或是「海西區」「平潭島」與台灣次區域合作政策，皆反應出「地方利益、中央主導」制度演變的流程模式。

大陸福建省與平潭綜合實驗區自2010年起大打「臺灣牌」，大陸的官員與學者一致指出，福建主要目的在爭取北京中央政府給予福建「海西」或平潭特殊政策，若沒有打著臺灣旗號，北京中央的優惠特殊政策就下不來，因此主要目的在於發展福建本身經濟。因此，整個「海西區」規劃都先由地方發動，中央再給予授權與背書，甚至整個中國大陸次區域合作運作模式也大致符合先由地方發動，再由中央核可的運作模式。這種「先地方、後中央」的決策流程，地方往往要思考除了發展自身經濟外，必須要去「迎合」北京中央的政策需求，「海西區」總體規劃是對所有外資開放，宣傳上卻只鎖定「台灣」訴求，福建透過訴求「對接台灣」，以爭取中央對「海西區」政策的全力支持。

2.「粵港澳」與「海西區」具有制度同形性（isomorphism）

「粵港澳」與「海西區」具有高度的制度同形性，北京為落實「一國兩制」的中央高度，對於粵港澳次區域經濟合作的制度規劃與實踐經驗，透過制度模仿與參照運用於「海西區」的規劃，以符合所謂「一國兩制」標準與規格。此外，因為「粵港澳」、「海西區」在推行上，具有時間序列先後明顯次序，兩區制度同形性運作容易判斷且十分明顯，包括不同層次的制度模仿，如CEPA與ECFA協議簽署；「珠江三角洲地區改革發展規劃綱要」與「海峽西岸經濟區發展規劃」制度內容多有類似設計，設立實驗示範區運作也相類似；粵港澳有「前海、橫琴、南沙」，海西區則有「平潭、廈門」等。就連中央與地方協調機制──「部際協調會議」制度設計也相類似。

3.現階段「粵港澳」與「海西區」次區域合作實踐成效差異大

跨境次區域合作的主體而言，必須透過參與方中央政府簽署協議，地方政府後續作為合作的利益主體，輔以國際組織的響應，以及民間企業的投入。「粵港澳」與「海西區」在「一國兩制」政策思維，北京自當排除國際組織或外國勢力介入（外資企業投資則不限），然而在雙方政府簽署協議，粵港澳都是北京眼下的地方政府，只要北京出面安排，締結合作制度相當順暢進展順利，相關整合或合作制度框架比較多重且有效。但兩岸則因政治問題難以解決，在缺乏政治信任的前提，台灣政府與大陸政府合作發展「海峽經濟區」可能性並不高，過去「海西區」的規劃與執行都是大陸方面「單方的、片面的」的制度運作，缺乏兩岸政策與制度共同努力的運作機制，加上經濟客觀條件又不及粵港澳地區，就現階段而言，「海西區」實施成效尚遠遠不及「粵港澳合作框架」。

「海西區」規劃在兩岸地方政府層次，金門、馬祖兩島嶼因鄰

近海西區，且受大陸經濟社會發展影響，未來生存發展融入「海西區」發展與規劃向來是金馬地方政府與民間的訴求與心聲，但在台灣的兩岸關係條例規範下，凡涉及中國大陸事務皆屬於台北中央政府職權，除非台北中央政府授權地方政府，或透過兩岸協議達成共識，否則現階段地方政府要推動兩岸次區域合作將難有作為。然而，2013年兩岸簽署服貿協議，若干大陸市場開放項目以福建作為優惠地區，勉強算是兩岸次區域合作第一步，但後續成效如何尚待觀察，相對於粵港澳次區域合作，在北京中央政府與粵港澳政府積極擴建次區域合作的交通基礎設施，積極評估制度對接，現階段「粵港澳」整合程度與運作成效均遠勝「海西區」。

4.「平潭」過度高調不實的宣傳手法，已出現檢討聲浪

「海西區」主要的先行示範區之一——「平潭綜合實驗區」，因有中央強力背書，地方福建敲鑼打鼓，喊出「平均一天投入一個億（人民幣）」，「一年一個樣」的平潭速度來形容平潭建設的投資巨大與快速改變，最近一年又改稱「一天燒兩個億」等等。然而。根據大陸學者與政府研究人員透露，大陸政府實際投入平潭島資金僅14億元，[37]其他則靠國有企業先圈地投資基礎建設，日後再賣地獲利，造成目前土地炒作日益高漲，成為平潭發展的隱憂。對於平潭投資口號，國臺辦官員指出「只有福建在講，北京沒講」，[38]部分大陸學者也多有不認同，顯示大陸內部對於平潭過於高調的宣傳手法，已逐漸出現檢討聲浪。至於，平潭高調喊出「兩岸共同家園」口號與高薪招募臺灣一千位人才進駐實驗區，引發臺灣政府高度重視不得不出面澄清。此外，根據研究團隊實地調研發現，平潭島發展至今仍停留在「口

---

[37] 2013年4月間作者赴大陸訪談整理參與平潭規劃學者之訪談內容。
[38] 2013年作者前往北京請教國臺辦相關官員之訪談內容。

惠而實不至」階段，過度宣傳，至今仍尚未落實全島封關進行特殊海關監理，就積極展開各種優惠宣傳，部分受到宣傳影響而至平潭投資的臺商先行者，目的皆只為「卡位」，但莫不感到撐得很辛苦。[39]

5.「前海」今年不可能，平潭更不可能

強調「一年一個樣」的平潭速度，原本計畫2013年內進行平潭封關，實施「一線放開、二線管住」的海關特殊監理，但要在平潭面積400平方公里，全島居民40萬人，要進行自由貿易港區規劃，涉及各種不同產業目錄與優惠稅則目錄適用，海關監理十分複雜執行困難，進度明顯不如預期。根據北京學者透露，平潭海關特殊模式是模仿「前海深港現代服務業合作區」，作者曾赴香港，與曾負責香港特區政府參與「前海」規劃顧問進行座談，得知「前海」自貿區規劃目前也因產業目錄與稅則目錄的討論，仍有爭議，進度不如預期，2013年已不可能完成自貿區的海關特殊監理。綜合中、港學者專家，深圳「前海」僅十餘平方公里、且無人口居住在「前海」，若連「前海」在尚且未完成封關運作，平潭要全面封關難度更高，不太可能超越「橫琴」、「前海」封關進度。

二、政策建議

1.評估「海西區」動向，可對照參考「粵港澳」模式

從整合制度的同形性角度而言，「海西區」的制度設計與規劃無疑受到粵港澳模式影響很深，站在北京擬定「一國兩制」高度，未來「海西區」制度模式與動向，將有「粵港澳」模式的路

---

[39] 2013年、2014年作者赴平潭考察針對平潭臺商協會主要台商幹部之訪談內容。

徑依賴，加上「粵港澳」與「海西區」實踐經驗出現明顯先後時間差距，以及制度相互對照模仿，在研判下一階段「海西區」對台動向，似可先觀察「粵港澳」的運作模式，以作為各項協議談判的準備工作。

此外，粵港澳實施經驗，對香港、澳門所帶來的政治、經濟、社會影響深遠，都可以作為台灣未來與大陸進一步整合的學習經驗，對「粵港澳合作框架」的研究，有助於對「海西區」動向的掌握。

2.透過ECFA機制協商「海西」議題，宜周延審慎

基於「海西區」明顯落後「粵港澳」，「海西區」與台灣的對接成效尚屬初期階段。作者曾赴中國大陸訪問調研，大陸學者與官員一致建議希望兩岸政府能在ECFA架構下討論海西、平潭合作議題，並建立雙方官員可以透過ECFA協商機制直接溝通「海西區」、「平潭」合作議題，至少能在「資訊對稱」下避免出現誤解，相信兩岸ECFA經合會下協商海西議題，大陸官員代表諒已提出相關建議。但海西、平潭特區發展對臺灣政治、經濟、社會都有深遠影響，若透過兩岸ECFA協商機制討論海西、平潭議題，未來雙方就有一個專門處理海西、平潭議題的常設平臺，臺灣政府將承擔共同參與發展海西與平潭的角色，海西、平潭規劃與營運將從單邊進入雙邊階段，這固然提高強化海西、平潭對臺招商引資的正當性，並加快海西、平潭建設發展。事實上，目前2013年兩岸已在ECFA協商「服貿協議」中，中國大陸若干開放項目已優先選擇海西區，未來透過兩岸ECFA協商海西、平潭議題，須審慎評估其可能帶來後續之機會與風險。

3.中共亟思「海西區」與台灣「自由經濟示範區」對接

無論是北京、廈門、福建官員與學者都密切注意臺灣政府即將要出臺的「經濟自由示範區」規劃，進一步期待透過兩岸的特

區規劃，能發展兩岸次區域經濟合作的機會，倡議兩岸特區相互對接，期待會產生「一加一遠遠大於二的效果」因此，積極鼓吹兩岸學者、政府官員就此議題合辦研討會共同研究。此外，平潭綜合實驗區、廈門綜改方案最近受上海「自貿區」影響，似乎也在等待與配合臺灣自由經濟示範區的立法與規劃進度，期望能在制度設計上發揮兩岸對接效果。因此，對於大陸熱衷期待海西區與臺灣自由經濟示範區對接事宜的企圖心，日後是否會形成「兩岸開放特區」或「兩岸先行先試區」，模糊臺灣與大陸的國境管理，進而影響臺灣政治、經濟與社會，值得台灣政府重視，未雨綢繆。

（作者平潭參訪現場拍攝）

平潭大肆新建商場樓盤，但台商進駐相當有限，截至2014年在平潭註冊的台商144家，但平時留駐的台商不到百餘人，大都以「卡位」，中小企業居多，除地產商之外，大多慘淡經營，仍處於「苦撐待變」的情形之中。

參考書目

一、中文專書

包宗和、吳玉山主編，1999，《爭辯中的兩岸關係理論》，台北，五南出版社。

朱景鵬，1999，〈區域主義、區域整合與兩岸整合問題之探討〉，《中國大陸研究》，台北，第42卷第8期，八十八年八月，頁71-93。

吳新興，1995，《整合理論與兩岸關係之研究》，台北，五南出版社。

宋炎、王秉安、羅海成，2011，《平潭綜合實驗區兩岸合作共建模式研究》，北京，社會科學文獻出版社。

李閩榕、王秉安，2011，《海峽經濟區發展報告（2010）平潭綜合實驗區》，北京，社會科學文獻出版社。

李鵬，2009，《海峽兩岸關係析論》，廈門市，鷺江出版社。

李鐵立，2005，《邊界效應與跨邊界次區域經濟合作研究》，北京，中國金融出版社。

周運源，2011，《粵港澳區域經濟合作發展研究》，廣州，中山大學出版社。

周運源，2011，《粵港澳經濟非均衡發展趨向一體化研究》，北京，中國社會科學出版社。

林佳龍等著，《打破悶經濟──新區域主義的動力學》，台北，獨立作家出版社。

邱垂正，1999，《過渡期中共對香港主權轉移之運作模式分析》，台大國發所碩士論文。

邱垂正，2008，《兩岸和平三角建構》，台北，秀威出版社。

洪水森，2012，《海峽西岸經濟區發展報告2012》，北京，北京大學出版社。

唐永紅，2007，《兩岸經濟一體化問題研究》，廈門市，鷺江出版社。

唐國忠，2009，《海峽西岸經濟區讀本》，福州，福建人民。

徐春祥，2008，《東亞貿易一體化——從區域化到區域主義》，北京，社會科學文獻出版社。

徐斯勤、陳德昇，2011，《東亞區域經濟整合與ECFA效應——台韓商大陸市場競合與挑戰》，台北：印刻文學生活雜誌。

耿曙、舒耕德、林瑞華，2012，《台商研究》，台北，五南。

馬元柱、曾建豐，2004，《CEPA與區域經濟合作研究》，香港，中國評論出版社。

張亞中，2000，《兩岸統合論》，台北，生智。

張明澍，2012，《中國人想要什麼樣民主》，北京，社會科學文獻出版社。

陳雲，2012，《香港城邦論》，香港，天窗出版。

陳德昇，2003，《中國大陸區域經濟發展變遷與挑戰》，台北，五南出版社。

童振源，2009，《東亞經濟整合與臺灣的戰略》，台北，政大出版社。

黃速建、李鴻階，2011，《平潭綜合實驗區開放開發研究》，北京，經濟管理出版。

葉必豐、何淵，2011，《區域合作協議彙編》，北京，法律出版社。

福建社會科學院，2011，《平潭歷史文化概說》，福建，海峽出版發行集團。

福建社會科學院，2012，《2012-2013福建經濟社會發展與預測藍皮書》，福建，海峽出版發行集團。

福建社會科學院，2012，《福建社會科學院科研成果選編（2012）》，福建，海峽出版發行集團。

蔡宏明等，2004，《大陸與港澳建立更緊密經貿關係安排（CEPA）對兩岸四地經貿互動的影響》，台北，行政院陸委會委託研究報告，行政院陸委會編印。

蔡政文、林嘉誠，1990，《台海兩岸政治關係》，台北，國家政策研究中心。

鄭永年，2013，《中國的「行為聯邦制」：中央——地方關係的變革與動力》，北京，東方出版社。

鄭柵潔，2012，《平潭綜合實驗區總體發展規劃解讀》，福建，海峽出版發行集團。

戴淑庚，2012，《海峽西岸和其他臺商投資相對集中地區的經濟發展》，北京，北京大學出版社。

戴淑庚，2012，《海峽西岸和其他臺商投資相對集中地區的經濟發展》，北京，北京大學出版社。

薛曉源、陳家剛，2007，《全球化與新制度主義》，台北，五南出版社。

魏禮群，2012，《中國行政體制改革報告（2012）》，北京，社會科學文獻出版社。

二、期刊文章

《中國經濟週刊》編輯部，2010，〈廈門金門平潭島東山或共建免稅區〉，《福建輕紡》，(11):24-25。

丁傑，2012，〈促進平潭發展為海西助力〉，《哈爾濱金融學院學報》，(6):79-80。

丁麗英，2011，〈福建沿海旅遊環境承載力預警系統研究——以平潭島為例〉，《佳木斯教育學院學報》，(1):371-372。

中共福建省委黨校課題組，2011，〈臺商總部經濟島——平潭綜合試驗區開放開發戰略定位研究報〉，《中共福建省委黨校學報》，(8):12-17。

方綱厚，2011，〈試論開發平潭綜合實驗區籌資財稅的先行先試〉，《內蒙古農業大學學報（社會科學版）》，5(13):66-68。

王元偉，2011，〈跨境經濟合作區發展戰略研究〉，《時代金融》，7（450）：4-7。

王方玉，2011，〈論平潭綜合實驗區地方立法中的幾個特殊問題〉，《福建省社會主義學院學報》，(5):85-88。

王俊南，2001，〈兩岸統合歧見之探討〉，《共黨問題研究》，台北，第27卷第12期，頁8-24。

王海燕，2012，〈中國與周邊國家區域經濟合作的機制創新探討〉，《新疆師範大　學學報（哲學社會科學版）》，第33卷第4期：16-21。

王祥驪，2012，〈海西平潭兩岸合作試金石〉，《營建知訊》，(354):30-35。

王智盛，2009，〈當前海西區的發展情況與優劣勢〉，「福建召開『海峽論壇』之意義與對兩岸關係影響之探討」座談會，台北：亞太和平研究基金會，2009年5月。

王潤、劉家明、田大江，2010，〈基於低碳理念的旅遊規劃設計研究——以福建省平潭島為例〉，《旅遊論壇》，3(2):168-172。

包寧、詹曉曼，2012，〈平潭綜合實驗區金融業發展的SWOT分析及對策〉，《臺灣農業探索》，(2):36-40。

民進中央聯絡部課題組，2013，〈建立海峽兩岸（金廈）跨境經濟合作區的可行性和現實意義〉，收錄於《第二屆兩岸區域合作論壇》論文集，廈門大學台灣研究院等主辦，7月5日-7日，頁88-97。

石正方，2011，〈海西「兩岸經貿合作緊密區域」建設相關問題研究〉，《臺灣研究集刊》，(114):26-35。

石謙、蔡愛智，2009，〈福建平潭島的風沙地貌與海岸演變〉，《臺灣海峽》，28(2):163-168。

朱雲漢，2009，〈海西經濟區蘊含巨大淺力〉，《商業週刊》，(1121):20。

何秀珍，2008，〈「海峽西岸經濟區」的對臺部署與落實〉，《東亞論壇》，(460):49-61。

何明祥，2011，〈構建海濱旅遊標準服務體系助推海西建設——以平潭綜合實驗區為試點〉，《質量技術監督研究》，(2):11-15。

吳哲敏，2010，〈論平潭島建設對福建物流的增益作用〉，《現代商貿工業》，22(12):88-89。

吳振宇，2009，PAM之跨域分析——澎湖與大陸「海西區」區域合作下民眾需求與政府政策整合之研究。國立中山大學公共事務管理研究所碩士論文。

吳新興，2001，〈整合理論：一些概念性的分析〉，《中國事務季刊》，台北，第五期，頁41-55。

宋炎、王秉安、羅海成，2011，《平潭綜合實驗區兩岸合作共建模式研究》，北京，社會科學文獻出版社。

李文祥、鄭耀星，2010，〈平潭先行先試綜合試驗區旅遊業發展的SWOT分析〉，《臺灣農業探索》，(5):40-43。

李非，2011，〈促進平潭開放開發的對策建議〉，《綜合競爭力》，(4):48-50。

李媛媛、馮邦彥（2007），〈CEPA：實施效應、存在問題與發展趨勢〉，《暨南學報》（哲學社會科學版），第26卷第6期，11月，頁57-63。

李媛媛、羅超雲（2012），〈「一國兩制」下CEPA與「泛珠」合作制度建設探討〉，《對外經貿實務》，第8期，頁39-42。

李賀，2012，〈把握大局，與時俱進，深化兩岸交流合作〉，《兩岸關係》，(5):6-7。

李韌，2012，〈試論創建「海峽西岸經濟特區」重大意義與作用〉，《福建論壇（人文社會科學版）》，(1):128-131。

李碧珍，2011，〈兩岸共建平潭島「共同家園」示範區的戰略設想〉，《福建論壇（人文社會科學版）》，(5):119-122。

李碧珍、張南旭，2012，〈平潭綜合實驗區開放開發的四大維度建設探析〉，《福建農林大學學報（哲學社會科學版）》，15(2):19-24。

李鴻階、單玉麗，〈海峽兩岸合作模式演進與平潭綜合實驗區發展選擇〉，《福建省社會科學院》，（會議論文）:243-248。

李鐵立、姜懷寧，2005，〈次區域經濟合作機制研究：一個邊界效應的分析框架〉，《東北亞論壇》，第三期，頁90-94。

李孌花，2010，〈海西建設中轉變經濟發展方式問題分析〉，《漳州師範學院學報》，(4):17-23。

杜力夫、許川，2011，〈兩岸「區域合作」實驗區立法問題初探──以福建平潭綜合實驗區為例〉，《福建論壇（人文社會科學版）》，(9):132-136。

肖東生、石青，2011，〈基於共生理論的湖南「3＋5」城市群區域合作研究〉，《湖南社會科學》，(5):118-121。

卓祖航，2010，〈從共建平潭綜合實驗區「共同家園」起步推進兩岸合作向寬領域高層次發展──關於平潭綜合實驗區也是兩岸智庫合作實驗區的探討〉，《發展研究》，(12):26-29。

孟昭昶，2000，〈聯邦制？邦聯制？海峽兩岸整合的前瞻〉，《政策月刊》，台北，第62期，八十九年九月，頁2-5。

林永健，2011，〈推進平潭綜合實驗區跨越發展的戰略思想〉，《發展研究》，(3):23-27。

林建偉、王書娟，2011，〈論平潭綜合實驗區的立法創新及其制度空間〉，《海峽法學》，13(4):3-9。

林建偉、潘書宏，2011，〈論地方設臺立法權的適度拓展──以平潭綜合實驗區為考察對象〉，《福建行政學院學報》，(5):82-88。

林紅，2011，〈推進兩岸資本市場合作口建設平潭綜合實驗區〉，《中共福建省委黨校學報》，(8):24-29。

林高星、丁超，2010，〈構建平潭綜合實驗區特殊財稅政策體系的研究──浦東新區、濱海新區經驗的啟示〉，《福建行政學院學報》，(6):102-107。

林從華、張國坤等，2010，〈基於福州（平潭）綜合實驗區建設框架研究〉，《福建工程學院學報》，8(4):307-311。

邱垂正，2005，〈兩岸非正常化經濟整合關係之省思與挑戰〉，台北，展望與探索，第3卷第11期，頁18-38。

邱垂正，2011，〈小三通功能升級發展演進之類型探討〉，《小三通試辦十週年學術研討會》論文集，金門，金門大學主辦，頁95-103。

邱垂正，2011，〈現階段兩岸和平整合的評估與建構──以「三角和平論」觀點分析〉，《國立金門大學學報》第一期，3月。

邱垂正，2012，〈兩岸和平發展制度化的因素探討〉，發表於兩岸和平發展制度化學術研討會，台大國發所，9月22-23日。

邱垂正，2013a，〈直航後金門小三通的邊緣化與加值化〉，收錄於2013金門經濟高峰論壇論文集，台灣競爭力論壇、金門大學、金門縣政府共同主辦，頁72-81。

邱垂正，2013b，〈兩岸次區域經濟合作的新起點──以金廈小三通加值化做起〉，《第二屆兩岸區域合作論壇》論文集，廈門，7月5日-7日，頁121-139。

邱淑美，2001，〈兩岸關係與歐盟關係下〉，新世紀智庫第13期，台北，新世紀基金會出版，頁78-86。

邵宗海，1998，〈中國統一模式與統一過程互動評估〉，《兩岸關係：兩岸共識與兩岸歧見》，台北市，五南出版社。

金永亮，2012，〈強化廣州與港澳深度合作的對策研究〉，《城市》，廣州，頁24-26。

侯長紅、李宗斌、侯大為，2010，〈開發平潭島旅遊資源對策的探討〉，《海洋開發與管理》，27(9):96-100。

侯長紅、李宗斌等，2010，〈平潭島海島旅遊資源開發戰略研究〉，《資源開發與市場》，26(8):755-757。

侯曉燕，2012，〈平潭建設海西經濟先行區的綜合優惠稅制探索〉，《閩江學院學報》，33(3):55-58。

侯曉燕，2012，〈平潭經濟先行區的兩岸稅收協調〉，《湖北經濟學院學報（人文社會科學版）》，9(6):82-84。

姚成林，2011，〈平潭綜合實驗區面臨的機遇與挑戰分析〉，《廈門廣播電視大學學報》，(2):18-21。

紀欣，2007，〈香港實踐「一國兩制」十年對臺灣之影響〉，台北，《海峽評論》第199期。

胡志丁、駱華松、熊理然、張偉，2011，〈次區域合作研究方向的變遷及其重新審視〉，《人文地理》，第1期總第117期，頁61-65。

唐永紅、趙媛媛，2008，〈新形勢下廈門對台優勢與作用問題研究——兼論兩岸交流合作先行區之構建〉，廈門，《台灣研究集刊》，第102期，頁64~73。

孫冬雪，2011，〈將平潭打造成兩岸人民的共同家園〉，《兩岸關係》，(6):30-32。

孫國祥，2005，〈東亞區域整合之演進與願景：經貿、金融與安全面向的探討〉，《遠景基金會季刊》，台北，遠景基金會出版，頁119-174。

席廣亮、魏宗財等，2008，〈峽西岸經濟區城市競爭力評價及發展策略〉，《熱帶地理》，(28):5。

徐兆基，2011，〈爭議兩岸「共同家園」綜合實驗區及其法制構建〉，《福建黨校學報》，(4):20-22。

徐曉望，2011，〈唐宋海壇島的行政隸屬——平潭政制沿革研究〉，《中共福建省委黨校學報》，(8):30-35。

翁松燃，2001，〈統合模式初探〉，《國家主權與統合模式》研討會，台北，新世紀智庫論壇，第13期，頁6-10。

翁國強，2011，〈在平潭綜合試驗區設立福建資訊職業技術學院平潭分院問題的探討〉，《科技資訊》，(34):25。

袁曉江，2009，〈經濟特區與中國模式〉，深圳：《特區實踐與理論——紀念深圳特區三十週年專刊》。

袁曉慧，2007，〈圖們江區域開發項目現狀評估〉，《國際經濟合作》，第八期，頁44-49。

郝加祥，2011，〈針對性人力資本投資與區域經濟發展——以平潭綜合實驗區職業教育集團化為案例〉，《湖北第二師範學院學報》，28(9):79-81。

院學報》，第17卷第五期，10月，頁21-26。

馬波、陳江森，2012，〈論平潭綜合實驗區環境保護法律制度的創新與發展〉，《中國礦業大學學報（社會科學版）》，(2):54-60。

馬彥彬，2013，〈兩岸次區域合作之探討——以中台灣與海西為例〉，《第二屆兩岸區域合作論壇》論文集，廈門，7月5日至7日。

馬博，2010，〈中國跨境經濟合作區發展研究〉，《雲南民族大學學報》，第1期，頁51-54。

高朗，1999，〈從整合理論探索兩岸整合的條件與困境〉，載於：包宗和、吳玉山主編，《爭辯中的兩岸關係》，台北：五南圖書公司。

國家發展改革委員會，2011，〈中華人民共和國國民經濟和社會發展第十二個五年規劃綱要〉。

國務院，2009，〈國務院關於支持福建省加快建設海峽西岸經濟區的若干意見〉。

國務院，2011，〈海峽西岸經濟區發展規劃〉。

張玉新、李天籽，2012，〈跨境次區域經濟合作中我國沿邊地方政府行為分析〉，《東北亞論壇》，北京，第四期，頁77-84。

張其春、羅輯，2009，〈海峽西岸經濟區產業結構競爭力評價：基於長三角、珠三角的比較分析〉，《廣西大學學報》，31(3):31-35。

張建忠，2012，〈福建平潭加速購艦對臺港口經貿區〉，《福建輕紡》，(4):卷首語。

張娟娟，2009，〈海西「平潭兩岸合作實驗區」起錨〉，《中國經濟週刊》，(25):55。

張娟娟，2010，〈福州市政協提出兩岸聯手打造平潭島「全封閉自由港」〉，《中國經濟週刊》，(6):56。

張捷，2012，〈珠三角地區的結構調整與出口導向型發展模式的戰略轉換〉，收錄於《珠三角區域發展報告（2012）》，梁慶寅、陳慶漢主編，北京，中國人民大學出版社，153-166。

張維邦，2001，〈歐洲整合意涵與模式〉，《新世紀智庫論壇》第13冊，台北，財團法人陳隆志新世紀文教基金會，頁24-35。

曹小衡，2013，〈中國大陸次區域經濟合作發展戰略與政策觀察〉，收錄於林佳龍等著，《打破悶經濟——新區域主義的動力學》，台北，獨立作家出版社。

曹玉坤，2013，〈福建港平潭港區總體規劃關鍵技術〉，《水運工程》，(1):90-95。

莊孟寰，2011，〈兩岸治理新模式？——平潭綜合實驗區的規劃與發展〉，《政治大學東亞研究所》。

郭文琳，2011，〈加快平潭綜合實驗區建設共見兩岸美好家園〉，《發展研究》，(11):48-52。

郭瑞華，2006，〈海峽西岸經濟區評析〉，台北：《展望與探索》第4卷第4期，頁3~9。

郭瑞華，2006，〈海峽西岸經濟區評析〉，台北：《展望與探索》第4卷第4期，頁3~9。

陳江上，2012，〈「平潭模式」給兩岸交往何種啟示？〉，《九鼎》，(54):39-41。

陳泓，2012，〈論平潭綜合實驗區的立法權障礙及對策〉，《發展研究》，(10):119-120。

陳海基，2011，〈探索實踐平潭管理新模式〉，《中國機構改革與管理》，(2):68-71。

陳耕拓、張向前等，2009，〈海峽西岸經濟區臺資企業發展分析〉，《科技管理研究》，(9)。

陳國成、蔡惠玲等，2005，〈實施海洋強省戰略加快海峽西岸經濟區建設〉，《江寧師專學報》，7(3)。

陳貴松、陳秋華、陳小琴，2011，〈平潭綜合實驗區對臺旅遊合作的路徑選擇研究〉，《福建論壇（人文社會科學版）》，(9):137-139。

陳豐，2012，〈兩岸金融合作展望研究——以平潭的開放和發展為背景〉，《蘭州商學院學報》，(3):59-64。

陳艷華、韋素瓊，2006，〈海峽西岸經濟區與長三角、珠三角經濟區城市生態水準的比較研究〉，《福建師範大學學報》，(5)。

陳艷華、韋素瓊，2007，〈海峽西岸經濟區與長三角、珠三角經濟區產業同構化的實證研究〉，《熱帶地理》，27(1):54-59。

陸建人，1994，〈增長三角——亞洲區域經濟合作的新形式〉，《當代亞太》，第1期，頁33-38。

曾怡仁、張惠玲，2000，〈區域整合理論的發展〉，台北，《問題與研究》，第39卷第8期，頁53-70。

程富恩、蔣愛潔，2005，〈加快海峽經濟區的合作與發展──兼與長三角、珠三角、環渤海經濟區比較〉，收錄於：嚴正、馬照南、孫寶臣主編，2006，《海峽經濟區探索》，北京：社會科學文獻出版社。

費偉偉、趙鵬，2012，〈潮湧平潭海氣通──福建加快平潭綜合實驗區開放開發紀實〉，《兩岸關係》，(2):17-19。

黃士榮，2011，〈大開發背景下平潭海運業發展思路解析〉，《中國水運》，11(4):52-53。

黃百富，2011，〈平潭綜合實驗區概念性總體規劃──一座生態城市的發想〉，《中興工程》，(113):105-115。

黃偉峰，2000，〈歐盟整合模式與兩岸主權爭議〉，收錄於《歐洲整合模式與兩岸紛爭之解決》論文集，台北，中央研究院歐美所歐盟研究小組主辦，六月九日，頁1-19。

黃磊、王書娟，2012，〈試論涉及平潭綜合實驗區的行政覆議管轄問題〉，《海峽法學》，14(2):114-120。

楊至臻、陳薇宇，2011，〈淺談平潭縣低碳產業發展的路徑選擇〉，《福建農業科技》，(4):111-113。

楊志蓉、謝章澍，2009，〈閩台共建兩岸經貿合作平臺的思路──蘇州工業園區中新共建模式的借鑑與創新〉，福州：《福建論壇（人文社會科學版）》2009年第12期。

楊開煌，2009，〈兩岸「三通」對海西的機會與挑戰〉。收錄於《海峽瞭望──兩岸學者論兩岸關係》，2009.7。

董銳，2009，〈國際次區域經濟合作的概念演進與理論研究綜述〉，《呼倫貝爾學院學報》，第17卷第5期，10月，頁21-26。

賈若祥，2013，〈推進我國次區域經濟合作的思路與重點領域〉，《發展月刊》，第9期，總275期，頁25-27。

熊文釗、鄭毅，2012，〈試論平潭綜合實驗區的性質、法律地位及若干立法問題〉，《海峽法學》，14(3):3-12。

福建省人民政府，2009，〈福建省貫徹落實（國務院關於支援福建省加快建設海峽西岸經濟區的若干意見）的實施意見〉。

福建省人民政府，2011，〈福建省「十二五」建設海峽西岸先進製造業基地專項規劃〉。

福建省發改委，2011，〈福建省國民經濟和社會發展第十二個五年規劃綱要〉。

福建省資訊化局課題組，2011，〈平潭構建兩岸資訊技術產業合作先行先試區的設想〉，《中共福建省委黨校學報》，(5)。

趙永利、魯曉東，2004，〈中國與周邊國家的次區域經濟合作〉，《國際經濟合作》，北京，第一期，頁51-54。

趙崢、李娟，2011，〈福建平潭綜合實驗區發展思路與對策研究〉，《決策諮詢》，(3):36-39。

劉忻，1991，〈成長三角計畫與巴潭島投資慨況介紹〉，《台灣經濟研究月刊》，14卷11期，頁99-102。

劉國深，2012，〈平潭綜合實驗區與兩岸區域合作實踐〉，《亞太區域發展暨城市治理論潭》閉門學術研討會論文集，上海，上海交通大學國際與公共事務學院主辦，8月14日，頁80-85。

劉稚、邵建平，2013，〈大湄公河次區域合作的新發展（2012-2013）〉，《大湄公河次區域合作發展報告》，北京，社會科學文獻出版社，頁17-25。

歐陽玉蓉等，2012，〈海島型城市規劃環評重點探討——以平潭綜合實驗區總體規劃環評為例〉，《科技創新導報》，(11): 110-111。

潘輝、林丹、黃雲、秦秀虹，2011，〈國際旅遊島建設和開發的生態制約因素及對策思路——以福建平潭綜合實驗區為實證〉，《生態健康論壇》（論文集):333-338。

範永華，2011，〈國際海島開發經驗對平潭的啟示〉，《經濟研究專刊》，(19):113-114。

蔡宏明，2002，〈CEPA對兩岸經貿關係的啟示〉香港：《中國評論》，第63期，頁5～8。

鄧利娟，2011，〈平潭產業發展應突出「兩岸合作」特色〉，《中共福建省委黨校學報》，(8):18-23。

鄧利娟、朱興婷，2013，〈深化金廈合作發展問題的探討〉，《廈門社會科學雙月刊》，第四期，8月號，頁17-25。

鄭永平、趙彬、黃靜晗，2012，〈平潭綜合實驗區開發建設與海峽西岸經濟區特色發展〉，《福建農林大學學報》，15(2):14-18。

鄭宜棉，2012，〈平潭綜合實驗區「勞動要素自由流動區」構想〉，《福建行政學院學報》，(5):108-112。

鄭鑫、陳曉君，2010，〈海西建設視角下福建省島嶼經濟發展探析——以平潭島為例〉，《商業經濟》，(4):9-11。

餘瀟楓，2012，《中國非傳統安全研究報告（2011~2012）》，北京，社會科學文獻出版社。

曉陽，2012，〈平潭——構建兩岸同胞共同家園——國務院新聞辦公室「平潭綜合實驗區總體發展規劃」新聞發布會側記〉，《中國工程諮詢》，(4):10-15。

戴麗芳、丁麗英，2012，〈海島景觀質量評價及生態旅遊發展對策——以福建省平潭島為例〉，《哈爾濱師範大學自然科學學報》，(3):76-79。

薑紅德，2012，〈智慧平潭，輻射海西〉，《中國訊息化》，(1):24-25。

謝明輝，2010，〈海西、平潭如何與臺灣接軌〉，《海峽經濟》，(5):7-12。

謝清果、王昀，2013，〈「兩岸」的平潭，抑或「平潭」的平潭？〉，《臺灣研究集刊》，(2):85-94。

顏建發，2001，〈兩岸統合的前景〉，《遠景季刊》，台北，九十年十月，頁101-120。

魏海斌、楊淳瑛，2002，〈90年代印尼巴淡島的經濟飛騰及啟示〉，《中共寧波市委學校學報》

羅海成，2010，〈設立平潭兩岸合作共建綜合試驗區的戰略設想〉，《綜合競爭力》，(1):17-23。

羅聖榮、郭小年，2012，〈雲南省跨境經濟合作區建設：現狀、問題與建議〉，收錄於《大湄公河次區域合作發展報告》（2011-2012），劉稚主編，社會科學文獻出版社」，頁90-106。

邊永民，2010，〈大湄公河次區域環境合作的法律制度評論〉，《政法論壇》，28卷(4期):147-153頁。

嚴正，2005，〈「兩岸一中」與台灣海峽經濟區〉，收錄於：嚴正、馬照南、孫寶臣主編，2006，《海峽經濟區探索》，北京：社會科學文獻出版社。

蘭鋒，2012，〈把握時代脈搏鎖定歷史座標——採寫《平潭大開發共築兩岸人民美好家園》的體會〉，《新聞與寫作》，(4):83-86。

三、英文論著及專書

Aligica, Paul (2002), 'Geo-Economics As A Geo-Strategic Paradigm : An Assessment', *American Outlook Today*, Hudson Institute, August 9, p2.

Balassa, Bela (1961), *The Theory of Economic Integration* (by Richard D. Irwin, INC. Homewood, Illinois.)

Brooks, Stephen G. (2005), *Producing Security: Multinational Corporations, Globalization, and the Changing Calculus of Conflict* (Princeton University press).

David N. Balaam and Bradford Dillman, 2011, *Introduction to International Political Economy*, fifth Edition, Pearson Education, Printed in USA.

Deutsch, Karl W. (1953), *Nationalism and Social Communication* (Cambridge, Mass.: MIT press)

Don, R. Hoy, ed., Geography and Development: A World Regional Approach (New York: Macmillan Publishing, 1978).

Deutsch, Karl W. (1953), *Nationalism and Social Communication* (Cambridge, Mass.: MIT press)

Deutsch, Karl W. (1957), *Political Community and the North Atlantic Area: International Organization in the Light of Historical Experience* (Princeton: Princeton University press)

Gabriella Montinola, Yingyi Qian and Barry R. Weingast (1995), "Federalism, Chinese Style: The Political Basis for Economic Success in China". *World Politics*, 48, pp 50-81.

Goldstein, Harvey (1992), "East Asian Executive Reports: Batam and the Growth Triangle: Taking a Regional Approach to Economic Development", Washington: *Law, Business And Economics-International Commerce*, p.8-12

Hamilton Tolosa (2003), "The Rio/Sã̄ o Paulo Extended Metropolitan Region:A quest for global integration", Rio de Janeiro, Brazil, Singapore, The Annals Of Regional Science

Hass, Ernst B. (1958) *The Uniting of Europe: Political, Social and Economic Forces* (Stanford: Stanford University press).

Hass, Ernst B. (1961), *International Integration: The European and the Universal Process,* International Organization, 15 (4): 366-392.

Hass, Ernst B. (1964), *Beyond the Nation-State: Functionalism and International Organization* (Stanford: Stanford University press).

Hass, Ernst B. (1975), *The Obsolescence of Regional Integration Theory,* Research Series, No.25, Institute of International Studies, University of California, Berkeley

Hoffmann, Stanley (1966), *Obstinate or Obsolete? The Fate of Nation-State and the Case of Western Europe,* Daedalus, 95(2): 862-915.

Hoffmann, Stanley (1966), *Obstinate or Obsolete? The Fate of Nation-State and the Case of Western Europe,* Daedalus, 95(2):862-915.

Hveem, Hegle (1999), *Political Regionalism : Master and Sevant of Economic Internationalization,* in Bjorn Hettne, Andras Inotai and Osvaldo Sunkel eds., Globalism and New Regionalism (London:St. Martin press).

Keohane, Robert O (1990), *International Liberalism Reconsidered,* in John Dune, ed., The Economic Limits to Modern politics (NY: Cambridge University press), pp165-194.

Keohane, Robert O, Joseph S. Nye, and Stanley H. Hoffmann (1993), eds., (1989-1991), *After the Cold War: International Institutions and State Strategies in Europe* (Cambridge, MA: Harvard University press)

Keohane, Robert O, Joseph S. Nye, and Stanley H. Hoffmann (1993), eds., (1989-1991), *After the Cold War: International Institutions and State Strategies in Europe*(Cambridge, MA: Harvard University press)

Keohane, Robert O. and Hoffmann, Stanley. (1990),*Conclusion: Community Politics and Institutional Change* in William Wallace, ed., The Dynamics of European Integration (London:pinter,1990), pp276-300.

Keohane, Robert O. and Martin, Lisa L. (1995), *The promise of Institutionalist Theory,* International Security, 20(1):42.

Keohane, Robert O. and Nye, Joseph S. (1977), *Power and Interdependence* (New York: Longman).

Keohane, Robert O. (1984),*After Hegemony: Cooperation and Discord in the World Political Economy* (Princeton, NJ: Princeton University press)

Keohane, Robert O. (1988), *International Institutions: Two Approaches,* International Studies Quarterly,32(4):379-396.

Keohane, Robert O. (1989), *International Institutions and State Power: Essays in International Relations Theory* (Boulder, CO: Westview press, Inc).

Krasner, Stephan D. ed. (1983), *International Regime* (Ithaca: Cornell University press)

Lee, Tsao Yuan (1991)," Growth Triangle: The Johor-Singapore-Riau Experience", Singapore: Institute of Southeast Asian Studies.

Luttwak, Edward N. (1993), "The Endangered American Dream: How to stop the United State from Becoming A Third World Country and How to Win the Geo-economic Struggle for Industrial Supremacy "(New York: Simon and Schuster).

Machlup, Fritz (1977), "A History of Thought on Economic Integration". New York : Columbia University press.

Min Tang and Myo Thant (1998), "Growth Triangles: Conceptual and Operational Considerations," Growth Triangles in Asia: A New Approach to Regional Economic Cooperation, eds. Myo Thant, Min Tang, and Hiroshi Kakazu, Second Edition (Hong Kong: Oxford University Press), 33-4

Milne, R. S., (1993)"Singapore's Growth Triangle," Round Table, No.327 (July), pp. 291-303

Moravcsik, Andrew (1998),*The Choice for Europe: Social Purpose and State Power from Messina to Maastricht*(Ithaca, NY.: Cornell University press).

Morgenthau, Hans (1985), *Politics Among Nations: The Struggle for Power and Peace*, Sixth Edition,by Alfred A. Knopf, Inc.

Nye, Joseph S. (1965), *Pan-Africanism and East African Integration*(Cambridge, Mass: Harvard University press)

Nye, Joseph S. (1971), *Peace in Parts: Integration and Conflict in Regional Organization* (Boston : Little Brown)

Pentland, Charles (1973), *International Theory and European Integration* (London: Faber and Faber)

Pentland, Charles (1975), *Functionalism and Theories of International Political Integration,* in A.J.R. Groom & Paul Taylor ed., Functionalism: Theory and Practice in International Relations (N.Y.: Crane, Russak & Company)

Peter, B.Guy (1999), *Institutional Theory in Political Science: the new Institutionalism* (London, New York: Pinter press).

Pierson, Paul (1996), "The Path to European Integration : A Historical Institutionalist Analysis ", Comparative Political Studies, April, 1996.

Russett, Bruce & Oneal, John (2001), *Triangulating Peace: Democracy, Interdependence, and International Organization* (New York: W. W. Norton & Company).

Russett, Bruce (1967), *International Regions And International System : A Study In Political Ecology* (Chicago : RandMcNally).

Russett, Bruce (1993), *Grasping the Democratic Peace* (Princeton :Princeton University press)

Russett, Bruce (1997), *A Community of Peace: Democracy, Interdependence, and international,*in Charles Kegley and Eugene wittkopf eds., 5th edition (New York: McGraw Hill), p242-243.

Sasuga, Katsuhiro (1999), "Micro-regionalism and Governance in East Asia"(New York: Routledge).

Scalapino, Robert A. (1999), "Challenges and Potentials for Northeast Asia in the Twenty-First Century" in Regional Economic Cooperation in Northeast Asia, North East Economic Forum, Honolulu, Hawaii

Scalapino, Robert A (1989), "Pacific-Asian Economic Policies And Regional Interdependence": Institute of East Asian Studies, University of California

Schmitter, Philippe C. (1969), *Three Neo-Functional Hypotheses about International Integration, International Organization,* 23(4):105.

Smith, Shannon L D (1997), "The Indonesia-Malaysia-Singapore growth triangle: A political and economic equation", Indonesia, Malaysia, Singapore, Australian Journal of International Affairs, P369-382

Talbott, Strobe (1996), *Democracy and the National interest,* Foreign Affairs, 75(6): 47-63.

Tanner, Murray Scot (2007),*Chinese economic Coercion against Taiwan :a tricky weapon to use* (Conducted in the RAND National Defense Research Institute, Published by RAND Corporation, CA).

Tkacik, Jr, John J. (2004),*Rethinking "One China"* (The Heritage Foundation, Washington, D.C., USA)

Tung, Chen-yuan (2006),*Made by Taiwan but Made in Mainland China: The Case of the IT Industry,* in Kevin H. L. Zhang (ed.), China as a World Workshop (London: Routledge), p85-109

United Nations Conference on Trade and Development (2002), *World Investment Report: Transnational Corporations and Export Competitiveness* (New York: United Nations, 2002), pp. 161-162.

Waltz, Kenneth N. (1979), *Theory of International Politics*, (London: Addison-Wesley press).

Wendt, Alexander (1995), *Constructing International Politics*, International Security, Vol. 20, No.1 Summer, p72-74.

Wendt, Alexander (1999), *Social Theory of International Politics* (Cambridge University press).

Richardson, Jeremy (2001), *European Union:Powerand Policy-Making.*(London: Routledge).

Do觀點11　　PF0146

「海峽西岸經濟區」與
「粵港澳合作框架」綜論

作　　者／邱垂正、張仕賢
責任編輯／鄭伊庭
圖文排版／陳彥廷
封面設計／秦禎翊

出版策劃／獨立作家
發 行 人／宋政坤
法律顧問／毛國樑　律師
製作發行／秀威資訊科技股份有限公司
　　　　　地址：114 台北市內湖區瑞光路76巷65號1樓
　　　　　電話：+886-2-2796-3638　傳真：+886-2-2796-1377
　　　　　服務信箱：service@showwe.com.tw
展售門市／國家書店【松江門市】
　　　　　地址：104 台北市中山區松江路209號1樓
　　　　　電話：+886-2-2518-0207　傳真：+886-2-2518-0778
網路訂購／秀威網路書店：https://store.showwe.tw
　　　　　國家網路書店：https://www.govbooks.com.tw

出版日期／2014年8月　BOD一版　定價／360元

|獨立|作家|
Independent Author

寫自己的故事，唱自己的歌

「海峽西岸經濟區」與「粵港澳合作框架」綜論 / 邱垂正,
張仕賢著. -- 一版. -- 臺北市：獨立作家, 2014.08
　　面；　公分. -- (Do觀點 ; PF0146)
　ISBN　978-986-5729-25-7 (平裝)

　1. 區域經濟　2. 區域整合　3. 中國

552.2   103013314

國家圖書館出版品預行編目

讀者回函卡

感謝您購買本書，為提升服務品質，請填妥以下資料，將讀者回函卡直接寄
回或傳真本公司，收到您的寶貴意見後，我們會收藏記錄及檢討，謝謝！
如您需要了解本公司最新出版書目、購書優惠或企劃活動，歡迎您上網查詢
或下載相關資料：http:// www.showwe.com.tw

您購買的書名：＿＿＿＿＿＿＿＿＿＿＿＿＿＿＿＿＿＿＿＿＿＿＿＿

出生日期：＿＿＿＿＿年＿＿＿＿＿月＿＿＿＿日

學歷：□高中 (含) 以下　　□大專　　□研究所 (含) 以上

職業：□製造業　□金融業　□資訊業　□軍警　□傳播業　□自由業
　　　□服務業　□公務員　□教職　　□學生　□家管　□其它＿＿＿＿

購書地點：□網路書店　□實體書店　□書展　□郵購　□贈閱　□其他

您從何得知本書的消息？

　□網路書店　□實體書店　□網路搜尋　□電子報　□書訊　□雜誌
　□傳播媒體　□親友推薦　□網站推薦　□部落格　□其他＿＿＿＿＿＿

您對本書的評價：(請填代號　1.非常滿意　2.滿意　3.尚可　4.再改進)

　封面設計＿＿＿　版面編排＿＿＿　內容＿＿＿　文／譯筆＿＿＿　價格＿＿＿

讀完書後您覺得：

　□很有收穫　□有收穫　□收穫不多　□沒收穫

對我們的建議：＿＿＿＿＿＿＿＿＿＿＿＿＿＿＿＿＿＿＿＿＿＿＿＿

＿＿＿＿＿＿＿＿＿＿＿＿＿＿＿＿＿＿＿＿＿＿＿＿＿＿＿＿＿＿＿＿

＿＿＿＿＿＿＿＿＿＿＿＿＿＿＿＿＿＿＿＿＿＿＿＿＿＿＿＿＿＿＿＿

＿＿＿＿＿＿＿＿＿＿＿＿＿＿＿＿＿＿＿＿＿＿＿＿＿＿＿＿＿＿＿＿

11466
台北市內湖區瑞光路 76 巷 65 號 1 樓
獨立作家讀者服務部 　　　收

．．

（請沿線對折寄回，謝謝！）

姓　　名：＿＿＿＿＿＿＿＿　年齡：＿＿＿＿　性別：□女　□男

郵遞區號：□□□□□

地　　址：＿＿＿＿＿＿＿＿＿＿＿＿＿＿＿＿＿＿＿＿＿＿＿

聯絡電話：(日) ＿＿＿＿＿＿＿＿＿　(夜) ＿＿＿＿＿＿＿＿＿

E-mail：＿＿＿＿＿＿＿＿＿＿＿＿＿＿＿＿＿＿＿＿＿＿＿